渡りくる人びと

―日本・京都の深層を知る

井上満郎

京都新聞出版センター

目次

■日本海と京都

■大化改新のことども

■身近にいる渡来人

■重層するアジアと日本

■アジアから来た人・もの・文化

「渡りくる人びと」は2021（令和3）年4月1日から2022（令和4）年3月31日まで、京都新聞朝刊に連載されました。

「渡来人」の語るもの

「渡来人」とは何なのか

―複眼的史観の大切さ―

渡来人、今やすべての高校・中学の歴史教科書に登場します。日本の歴史や文化に大きな役割を果たしたと認められているからでして、「渡来人」は日本を考える時の必須のアイテムでもあるのです。

私が高校教育を受けたのは一九五〇年代の後半ですが、その頃は「帰化人」でした。まだ日本の歴史・文化へ果たした役割はそれほど認められておらず、ほとんどお添えもの的な扱いでした。

その状況が六〇年代に劇的にかわります。国際化の世界的で急速な拡大とともに、日本という国の存在を、世界のなかで考えねばならないという姿勢が鮮明になりはじめ、学問研究もいちじるしく進展しました。日本の歴史にもその影響が及んだのです。

象牙の塔的な狭い学問の世界のことは省きますが、その学問をしっかりと踏まえて出された上田正昭先生の『帰化人』が、決定的ともいえる役割を果たします。六五年のことです。帰化人でなく渡来人という用語が、この書物をきっかけにいっせいに広まったのです。

古代の日本の中心だった飛鳥の風景（蘇我入鹿首塚から甘樫丘を望む）。住民の8、9割が渡来人だったといいます＝奈良県明日香村

帰化という用語の意味は「化《か》に帰《き》す」、つまりよりすぐれた王《おう》化《か》を慕って、それに帰属するということです。上下関係を想定した政治性の強い言葉でして、古代にも法律用語として存在していました。

では彼らは、本当に日本の王化を求めて、故郷を捨てて日本にやって来たのかということです。

そうではありません。日本で初めて渡来人といえるのは、弥生時代の初めころに本格的な稲作をもたらした人々ですが、当時の日本には、「帰化」を認定する国家はまだ成立していません。ですので、その時代の日本に移動してきた人々を「帰化人」と呼ぶのは、歴史的にまったく適切ではないのです。

そこで提案されたのが、上下でない、いわば対等・平等の関係で、移住を表す歴史用語の「渡来」でした。この言葉が社会の賛同を得て、渡来人という用語が定着することになりました。

でもこれは、単なる用語の入れ替えということではありません。少し固くいえば、歴史認識の問題なのです。渡来人という用語の選択された背景には、日本の歴史と文化を多元的にとらえ、複眼的に見るという史観があるのです。戦前のように日本列島内だけで歴史・文化の展開を考えるのではなく、本書でしばしば触れているように、国際的な環境のなかで京都を滋賀を、日本を、世界を考えねばならないのではないでしょうか。

上田正昭著『帰化人』(中公新書)。歴史分野では教科書を書き替える研究はそうないですが、これはまさにその一つでした

渡来人はいつ来たか

渡来人はいつ渡来したか――。これはかなり難しい課題です。というより問題の立て方が間違っている、というべきでしょうか。彼らは庶民ですし、記録に残るようなものではないからです。もともと日本列島とアジア大陸は陸続きで、人々は普通に移動していました。でもその時代の移動を「渡来」とはいいません。列島に文明が形成され、その形成に影響を及ぼした人間集団の移動、それが渡来であり渡来人なのです。

日本は農業国だとよくいいます。その場合の農業とは稲作ですが、忘れがちですがこの産業そのものが渡来の文化です。最初の渡来の大きな波は、この稲作伝播《でんぱ》とともに起きたと思われます。現在ではそれは紀元前五、四世紀と考えられていますが、以後現在にいたるまで日本人の主食となっている稲が渡来人によって伝えられたのです。渡来や渡来人という概念が、日本の歴史・文化にとっていかに

高麗神社

■高麗神社と将軍標■　埼玉県日高市所在。奈良時代初めに関東各地の高句麗人たちの移住によって高麗郡《こまぐん》（日高市・飯能《はんのう》市あたり）が設けられたが、彼らが自分たちの氏神として祀ったことに始まり、始祖とあおぐ高麗王《こまおう》若光《じゃっこう》（？－748）などが祭神。現在もその第60代子孫が宮司職をつとめる。

重要かが理解されるでしょう。
普通に古代で渡来人と呼んでいる人々は、まず五世紀に渡来しました。当時は朝鮮半島は動乱の時代でしたし、日本でも急に古墳が巨大化することから分かるような国家の力学的な発展がありました。押し出す原因、受容する理由、いわば必然性があったのです。渡来人の大量渡来で、日本の歴史は百年の単位で前に進んだと私は思っています。この数字の厳密な根拠はないですが、それくらい大きな変化を日本社会に及ぼしたのです。

七世紀後半も大きな渡来のピークでした。この時の理由は簡単で、朝鮮半島に激動が起こり、百済《くだら》・高句麗《こうくり》という二つの国家が滅亡したからです。とりわけ日本と関係の深かった百済からの渡来が多く、列島の各地に居住しました。関東に居住した高句麗からの渡来の人々一七九九人は、のちに高麗郡《こまぐん》（現埼玉県）を形成します。在日韓国・朝鮮人の崇敬をも受ける高麗《こま》神社（同県日高市）は、今も子孫の高麗さんが宮司です。

将軍標

境内にたつ将軍標《チャングンピョ》は在日本大韓民国居留民団から友好のあかしとして寄進されたもので、悪霊除けと境界表示の役割を持つ。韓国ではよく見かけるが、日本の道祖神《どうそじん》にあたる。

日本「国家」の成立

日本という国家はいつできたのか。中国側の文献から考えて紀元前後から「国」の存在は確かなのですが、日本列島に百以上もあったといい、普通に思い浮かべる「国家」とは大きく異なります。農耕が始まってムラができ、いくつかのムラが集まってクニになります。邪馬台国《やまたいこく》がそうしたクニの大きめのもので、そこには王がおり、税もあり、官僚もいて、女王の宮殿もありましたが、実態はまだ不明なところが多いのです。

最近ですが、「初期国家」という言葉が使われます。後世の統一された国家の萌芽《ほうが》となるような仕組みが形成されたのですが、五世紀のことです。王が関東から九州までを支配下におさめたのですが、まだなお不十分で未完成なものでした。でもこの初期国家のシステムができるのに、渡来の人と文化が大きな役割を果たしたことが重要です。日本は、国家形成のはじめの段階から、日本列島外の海外世界と深く関わっていたのです。

外務省・法務省、この省という言葉は中国のものです。日本に取り入れられたのは飛鳥・奈良時代、本格的な国家が形成された時で、それが現在まで引き継がれています。後世にまで長く続く日本の整然とした国の仕組み、その出発点は遠い古代にあるのです。そしてそれは、中国の隋《ずい》・唐という強力な統一国家の成立、逆に朝鮮半島の高句麗《こうくり》・百済《くだら》・新羅《しらぎ》の激しい抗争、こうした国際関係の展開が日本の国家形成をうながしたのです。

飛鳥時代の国家形成についていえば、この頃に天皇（大王）を頂点とする統一的政治システム、国・郡といった全国共通の行政区画や徴税・軍事の仕組み、戸籍による全国民の把握、などが実施されました。この時にも渡来人たちが大きく貢献しており、日本の「国家」成立に彼らの果たした役割の大きさがよく分かります。

筆写文字

辛亥年七月中記乎獲居臣上祖名意富比垝其児多加利足
尼其児名弖已加利獲居其児名多加披次獲居其児名多
沙鬼獲居其児名半弖比

其児名加差披余其児名乎獲居臣世々為杖刀人首奉事来至今
獲加多支鹵大王寺在斯鬼宮時吾左治天下令作此百
練利刀記吾奉事根原也

『稲荷山古墳出土鉄剣金象嵌銘概報』〈埼玉県教育委員会・一九七九年〉による

稲荷山古墳出土鉄剣金象嵌銘

■国家の成立と鉄剣銘文■　稲荷山古墳出土鉄剣は埼玉県の同名古墳から昭和43（1968）年の発見。銘文の解読成功はその10年後。X線が考古学に応用されて日も浅く、手間取った。鉄素材に金象嵌文字なので、鉄は透過するが金は透過しない線量で撮影すると、金の文字部分だけが感光しないで白く印画紙に写る。ただ表・裏ともに文字があるので二重に写り、それを分離して解読する必要があった。解読結果は衝撃的で、雄略《ゆうりゃく》天皇（5世紀後半在位）時代に関東豪族の大和王権への服属、つまり関東までが国家の支配下に組み込まれていたことが初めてわかった。これに熊本県江田船山《えたふなやま》古墳出土鉄刀銘に見える、同じ雄略時代にこの地の豪族も大和王権に出仕していたことを合わせると、関東から九州までが大王（天皇）の統治の範囲、すなわち「国土」になっていたことが分かる。5世紀後半の渡来人の大量渡来による歴史と文化の発展が、日本列島に国家の成立をもたらす大きな原因となったのである。

桓武天皇が造った平安京

「桓武天皇」という名前

「桓武天皇は七九四（延暦十三）年に都を平安京に移しました」、くらいが標準的な教科書の叙述であろうか。むろん「移し」た当時の桓武天皇は「桓武」ではないし、「移し」た時には「都」をまだ平安京とは呼んでいなかった。

このへんが歴史を書いたり話したりするときの難しさだろうが、「桓武」を称することになるのは崩後のことだし、「平安京」も遷都約半月後の命名である。だから〝厳密〟を期せば、これらを含意した表現にせねばならないということになるが、教科書的にはあるいは国民・市民的には煩雑で、歴史理解をかえって妨げることになるように思われるので、普通はこのように述べる。

因みに「桓武」という名が崩後の諡号《しごう・おくりな》であることはいうまでもないが、いつおくられたのかは不明である。ただ和風の諡号、つまり日本風の贈り名の「日本根子《やまとねこ》皇統弥《あまつひつぎいや》照尊《てらすみこと》」は八〇六年（延暦二十五・大同元）四月一日におくられ、遺骸は七日に「山城国紀伊《きい》郡の柏原《かしわはら》山陵」に埋葬されているので（そのために柏原天皇とも呼ばれる）、おそらくはこの間のことではなかろうか。

諡号の根拠だが、多くの天皇、また年号もそうだが、漢籍から採られている。要するに国際的な背景を持っての命名であり、「桓武」についても同様である。『詩経《しきょう》』が有力と思われるが、『周書』『史記』『宋書』などにも同じような表現があり、そのどれであるかはなお確定できていない。ここではごく我々に近しい天皇という存在の、その名乗りにも渡り来た文化という国際性の背景があるということだけを確認しておきたい。

「平安京」という名称

「平安京」の命名時点ははっきりしていて、七九四年十一月八日である。「詔《みことのり》」での宣言だから桓武がこの名を子来《しらい》の「決めた」というのは誤りではないが、詔文中に「子来の民・謳歌の輩」が「異口同辞《いくどうじ》」に「平安京」と「号」していた、つまり一般市民が異口同音に新しい都を平安京とたたえたとあるのみで、史料には「定」めたとは記されていない。市民たちがそう称していたのを、いわば追認して「平安京」と名づけたことになる。むろんそういう名目を付けて実際には官主導で命名したのでないかということも考えておかねばならないものの、ともかく民衆の呼称するところが正式名称になったものであり、それは遷都から二十日近く経ってからのことだった。ほかにこのような命名原因を持つ都はないから、京都だけの特殊な事情といってよいだろうし、市民がつくるマチ京都の面目躍如といえよう。

このような名称になった理由は何だろうか。

というのは、たとえば直前の都は長岡京で、それは「山背国乙訓郡長岡村《やましろおとくに》」に営まれたのでそう称された。つまり地名をとって都の名としたわけで、これは奈良の都の平城京も同様で、「平城《なら》の地」に営んだのでそう呼んだ。やはり地名が起源なのである。ところが平安京はそうでなく、前例を破って「平安」という、いわば理想あるいは祈願を示す命名なのには、深い意味があった。それとは裏腹に、当時が平安ではなかったからで、だからこそ「平安」の理想を目指してこのような命名になったのだ。

理想を求めた都

ではなぜ市民たちは異口同音に「平安京」と唱えたのか。実際には当時が「平安」ではなかったからだ、ということを簡単に説明することは難しいが、とりあえずは奈良時代の政界のありさまをみればよいだろう。この時代を代表するのは天平文化だし、また正倉院宝物の数々もある。今も奈良の寺々に残された仏像群や、広くユーラシア世界にまで広がる国際色豊かな宝物などから、平和で穏和なこの時代を想像してしまうが、事実はまったくそうではなかった。激烈ともいえる反乱・内乱やクーデターなどが、それも繰り返し起こり、そのたびに命を失う人も多数出た。まるで理想の時代などではなかった。

直近の例でいえば氷上川継《ひかみのかわつぐ》の謀反事件がそうだ。まだ平城京時代のことだったが聖武天皇の孫という恵まれた血筋にあったこの人が、前年の七八一年に成立したばかりの桓武天皇政権の転覆をはかった。この人自身は当時従五位下というごく低い位階で、歌人としてのみ著名だが政界に隠然たる勢力を誇っていた大伴家持《おおとものやかもち》がこれを支えるなど、背後には計り知れない桓武反対勢力が存在したのである。

こうした出来事は直接的にはたしかに政治家階級の問題だったが、今ほど政治と社会が離れていない時代、人々にもそれらの出来事は大きな不安を与え、また実際にも暮らしに混乱をもたらすなどの災厄が襲った。その状況を何とか振り払い、新しい、希望に満ちた社会を造りたいと思った市民たちがその祈りと願いを込めて、まさに異口同音に「平安京」だと新京をたたえたのである。

平安京建設への関与

ともかくもこのような激動を克服して都となった平安京だが、その正門が羅城門《らじょうもん》だ。当然平安京ではもっとも重要な意味をもった門である。

城壁としての羅城はごく一部にしか構築された形跡がないし、したがってそこに設けられた門は実際には軍事的な意味を持たなかったのだが、重要な位置づけであることに変わりはない。もっとも二重門（二階建て）で背も高く、まともに南からの風を受けるし、結局はそのために倒壊してしまうのだが。

この門の建設中、平安京を巡察していた桓武天皇が通りかかったときのエピソードが残っている。宇多《うだ》天皇（在位八八七—九七）の『寛平御遺誡《かんぴょうごゆいかい》』の記事がそれで、桓武は少し高すぎるからと「工匠」に「五寸を減じ」るように命じた。後日ふたたび訪れて減じたかと尋ね、「減じ」ましたとの答えを聞いて、低くするように命じたことを後悔して歎き、今五寸高くしておくべきだったと言ったという。たとえこれが『寛平御遺誡』の記載であったとしても桓武から百年を隔て、また内容的にもかなり無理のある伝承といってよかろうが、桓武天皇が実際に平安京の建設の細部に関与したことを物語る内容となっている。

華道家元池坊《いけのぼう》でよく知られた六角堂頂法寺《ろっかくどうちょうほうじ》の境内に、臍《へそ》石《いし》と呼ばれる石がある。真ん中に窪みを持った礎石のかたちをしており、中心に小さな穴が穿たれていて、たしかにヘソのように見える。明治・大正の著作『京都坊目誌《ぼうもくし》』には、この石は「要石《かなめいし》」が本来の名で「俗に臍石」と称し、「土俗之《これ》を京の中心《マンナカ》」、つまり京都の要となる石と呼んでいたと述べている。少し位置は動かされているようだが、現在もすぐ近くの烏丸《からすま》三条《さんじょう》に京都市道路原標が設置されているように、まさにそこは京都の中心であった。

臍石の語るもの

平安時代の事典である『伊呂波字類抄《いろはじるいしょう》』に見えているのだが、この石も桓武天皇と関わる伝承を持つ。聖徳太子の関与によって六角堂が建立されたことをまずいい、ついで平安遷都について「造宮使」が奏上してきたことを述べる。すなわち道路を定めようとしたのだが、聖徳太子が建立した六角堂が計画道路の中心にあたってしまい、邪魔になってどうしても六角小路を敷設できない。それを聞いて桓武は「勅」を発し、もしこのままここにいたいということなら少し退いて南北どちらかへ移動してくださいと願ったところ、「天下俄かに暗然」となり「五丈許り」北に石は退いて無事に六角小路《ろっかくこうじ》を通すことができたという。臍石はこの時立ち退いた建物の礎石ということになる。

これまた荒唐無稽な伝承としかいいようがないが、この二つの伝承に共通するのは桓武天皇自身が平安京建設にかなり具体的に関与したということである。考えてみるまでもなく平安京の建設の実務作業は、造営担当の官僚・工匠たちが行なうわけで、天皇がそれにいちいち関与するなどありえないはずである。ではなぜこうした桓武にまつわる伝承が成立したのか。

史実だった造営関与

桓武天皇が平安京の造営にかなり深く関与していたことは、実は史実のうえでも確認できるのだ。

七九五年八月十九日、造営の槌音盛んな朝堂院《ちょうどういん》（行政官庁）に行幸しているから、天皇自身が建築現場にまでみずから足を運んでいることになる。

また七九九年六月二十三日、なお建設の続いている「京中」を巡察し、運河として掘削中の「堀川《ほりかわ》」の現場を通りかかったとき、「鉗鏁《かんさ》の囚徒」、つまり足かせや鎖をつけられた囚人たちが堀川の工事に酷使されているのを見かけた。哀れを感じた桓武は、刑具を付けられたままで労働させられている囚人たちの罪を免除し、更生に従わせたという。

この両方はいずれも史実である。かなり具体的に平安京造営に天皇自身が関わっていることがここから知れるのであり、ともに建築への具体的指示の有無については記すところがないものの、七九三年正月に新京の土地選定がもたれて以降、諸史料には他の天皇にあまり例を見ない、頻繁な桓武の新京巡覧記事を見出すことができるし、上記二点と考えあわせてみると自身でかなりこまごまとした指示を出していた。つまり自分で平安京を造るという強い意識を持っていたことの証拠と考えてよいように思われる。羅城門・臍石伝承もこうした史実を背景とするものなのである。

新しい京都を目指して

何故そうだったのか。この平安京を舞台として、奈良時代に重なったような混乱のない新しい王朝を創造し、真に平和で安定した社会を構築しようとした表われだと私は思う。

中国起源の郊祀《こうし》という、はじめての宮廷祭祀を導入した桓武が強い「革命」意識、世の中を改革しようという強い決意を持っていたことは分かるし、自らの手で平安京を造り、新しい日本を築くのだという構想のもとでの平安京建設であったといえる。

はたしてその平安京、日本の都のなかで最長の千百年という時間を首都として刻んだ。もちろんさまざまな苦難の時もあったけれど、変わることなく大都市としての歴史を歩み、現在にいたる。桓武天皇の平安京にこめた思い、それが実を結んだとまでいうのは歴史性をあまりにも欠いた言葉になるかも知れないが、私自身は桓武の祈りと願いが影となり日向《ひなた》となってこの都に生き続けたことを確信している。

朱雀大路上空から見た平安宮

©梶川敏夫

渡りくる人びと

―日本・京都の深層を知る

歴史交流の実相

◆深泥池の時代

深泥池《みどろがいけ》は京都市北区にある池です。日本列島はアジア大陸とくっついたり離れたりしていましたが、京都のほとんどが湖底だった頃の池でして、その時代の名残なのです。やがて列島は大陸と分離、湖底が今の京都になりますが、くぼんだ部分が池として残りました。京丹後市の上野遺跡から同じ時代のものらしい島根県隠岐の黒曜石《こくようせき》製石器が発見されましたが、この時代でもけっこう遠方との交流の持たれていたことが知られます。

◆ナウマン象のいた頃

ドイツ人ナウマンが発見したところからこう名付けられました。南方からまだ陸続き時代にやって来たらしく、当時の日本人の食料資源として貴重なものでして、滋賀県多賀町からもその化石が見つかっています。それがなぜ大事かというと、ゾウのような大型動物の捕獲は独力ではできず、集団での行動が必要だということです。つまり人々は個人や家族ではなく、集団をなして獲物を求めて移動し、生活していたことが分かるのです。

◆浦入遺跡の船

縄文時代、日本海沿岸の航路がありました。それを物語る船が、舞鶴市の浦入《うらにゅう》遺跡から発見されています。杉を半分にたち割って中をくりぬいた（焼いたり削ったりします）丸木舟で、残存部分は多くないですが元は長さ約十メートル、幅約一メートルほどです。かなり大きいのでして、沿岸はむろん外洋でも航海が可能でした。山陰から北陸にかけての海岸は潟湖《せきこ》が多く、それを港や避難場所に、縄文人たちは往来したのです。

◆扇谷遺跡とアジア

高地性《こうちせい》集落とは、丹後の扇谷《おうぎだに》遺跡でいえば竹野川流域を見おろす六十メートル前後の比較的高地に形成され、周りに濠《ほり》を築いた防御性の強いムラのことです。濠はV字形で、深いところでは四メートルにも達します。中国源流の陶塤《とうけん》（つち笛）や、当時の日本で産しない鉄製品もあって、アジアと密接な交流を持った集落であることが分かります。弥生時代のころ、アジアからの富をめぐる争いが人々の間にあったことを物語っています。

◆奈具岡遺跡の玉造り

奈具岡《なぐおか》遺跡は京都府京丹後市の竹野川沿いの弥生時代の集落で、ここで大規模な玉造りが行われていました。水晶などが見つかっていますが水晶は硬くて加工するのがたいへんです。それをしているのですからかなり高度な技術を持っていたことが知られるわけです。道具類も発見されていて、これを造るには鉄素材がいります。当時の日本に鉄は産しませんからアジアからもたらされたのでして、丹後とアジアの関係の深さが理解されます。

◆日吉ケ丘遺跡とアジア

丹後半島の東、野田川をさかのぼった地にある弥生時代遺跡で、大型の方形貼石墓《はりいしぼ》が見つかっていて、この地の豪族のものでしょう。この墳墓形式は島根・鳥取にもあり、ここが日本海文化圏の一角だと分かります。鉄製品の出土もあり、当時日本列島で鉄生産はないので朝鮮半島からもたらされ、つまりは半島につながる海外世界があったのです。隣接して大型の前方後円墳もあり、古墳時代まで豪族の勢力は続きました。

新の貨泉の伝来

貨泉《かせん》は中国王朝新《しん》（西暦八〜二三年）の貨幣です。日本では弥生時代にあたり、この貨幣が丹後半島の西の付け根、京丹後市の函石浜《はこいしはま》遺跡で発見されています。具体的なルートは不明ですが、日本海を横断して中国からもたらされたことは疑いありません。アジア大陸と日本列島との間に、弥生時代から日本海横断ルートが機能していたことがよく理解されます。今もハングル文字のペットボトルがたくさん流れ着いているのが興味深いです。

貨泉。右に「貨」、左に「泉」が篆《てん》書体で記されている。下は現行の五円硬貨。

赤坂今井墳墓のガラス

赤坂今井《あかさかいまい》墳墓は丹後半島の中央部にある弥生時代の墳墓です。ここからたくさんのガラスの勾玉《まがたま》・管玉《くだたま》などが見つかっていて、注目されるのです。ガラスはこの時代の日本では製造できなかったようですから、原料か製品が海外から輸入されたということになります。この遺跡ばかりでなく近畿北部にガラス製品が多く出土しており、当然のことながらアジアを結びつける環日本海文化圏の存在を考えねばならないでしょう。

湯舟坂二号墳の環頭大刀

湯舟坂《ゆふねざか》二号墳は京丹後市にあります。調査されたときかなり話題になりましたが、直径約一八メートルの小さな円墳で、環頭《かんとう》大刀《たち》が発見されたのです。柄の先が環状に造られたものですが、環のなかには双龍《そうりゅう》の文様がほどこされていました。この大刀様式は中国・朝鮮半島伝来のデザインで、市内の高山一二号墳からも同じような双龍文環頭大刀が見つかっていますが、海外の文化が丹後半島に確実に及んでいたことが知られるのです。

大風呂南墳墓のガラス釧

天橋立を眼下に見下ろす場所に、弥生時代の大風呂南《おおぶろみなみ》墳墓はあります。全国に数例しかない、目を奪うばかりに美しいライトブルーのガラス釧《くしろ》（腕飾り）が発見されているのです。当時の日本にはガラス製造の技術はなかったので、海外、おそらく中国南部からベトナムにかけての地で生産されたものらしいのです。ここを「弥生王墓」と言った方がいますが、まさにこの地の王が海外にまでこうした宝物を求めて活躍したのです。

大風呂南墳墓出土遺物

◆大谷古墳の女性首長

大谷古墳は全長三〇メートルほどでそう大きな古墳ではないですが、熟年女性らしい遺骨が発見されました。副葬品に鏡や玉もあり、全国に数少ない女性を被葬者とする古墳として重要で、発見時には丹後の卑弥呼《ひみこ》などとも言われたそうです。

私はそこまで言えるかには疑問を持ちますが五世紀の初め、アジアに開けた古代の丹後半島が最も元気だった頃で、地域の勢力が女性によっても担われていたことが分かってたいへん重要な遺跡です。

◆わかさ（若狭）は韓国語か

若狭という地名がどこから来たのかは不明ですが、ワッソ（来る）・カッソ（行く）という韓国語からだという説があります。これを検討する言語学知識は私にはないですが、若狭が海外との交流・交渉の伝統を持つことは確かです。この国はまた御食国《みけつくに》、つまり朝廷に食料を納める特別な国の一つで、そうした重要さというか密接性の生じた原因が、若狭が持つ海外との交流・交渉の豊かな実績であったことは疑いないでしょう。

十善《じゅうぜん》の森《もり》古墳という、六世紀初頭の前方後円墳が福井県若狭町にあります。朝鮮半島産の馬具や冠が出土していて、海外との明白な交流の足跡を示しています。時代はちょうど継体《けいたい》天皇の出現する頃ですし、この天皇が直接の基盤とした越前はむろん、若狭にまで及ぶ海外交流の掌握がよく理解できます。全長七〇メートルほどの小さな古墳ですが、その大きさとは別に、国際的環境のなかの日本古代のありようを物語るものなのです。

◆朝鮮半島で日本足跡

本書では主として京都・滋賀など、日本が海外世界から受けた影響に焦点を据えています。逆に日本が朝鮮半島などに影響をおよぼしたケースもたくさんあるわけで、たとえば釜山《プサン》広域市の東《トン》三洞《サムドン》遺跡や慶尚南道泗川《サチョン》市の勒島《ヌクド》遺跡から縄文土器や弥生土器が出土していて、むろん土器は動きませんからそれをたずさえた人間が行っているのです。何千年も前の縄文時代から、日本人も朝鮮半島側に文化影響を与えていたのです。

日本人が朝鮮半島女性との間にもうけた子を「韓子《からこ》」と呼び、『日本書紀』の時代から日本人の足跡はあります。

九九九年の高麗時代の史料があって、「日本国人」二〇戸が来て、これを利川《イチョン》郡に「編戸」したといい、現地の戸籍に編入、つまり帰化したことになります。ソウルから少し東の京畿道《キョンギド》利川市ですが、他にも高麗の歴史書『高麗史』に多くの日本人商人や民間人の渡航記事が見え、時代を通じてその交流の足跡を刻んでいるのです。

まんろう先生の深掘りコラム

井上満郎（いのうえ・みつお）

渡来人と渡来文化の広がり

共存・共生して歴史をつくる

八九六年、葛野《かどの》郡山田郷の土地が売買されました。現在の京都市西京区山田、松尾大社の少し南くらいです。その時に作成された売買証文が残っていて、土地の面積や値段、売主・買主などの記載があります。

注目されるのはその売主・買主はむろん、売買を取り仕切った郷長《ごうちょう》、さらに「保証刀禰《とね》」（連帯保証人でなくいわば立会人）まですべて秦《はだ》氏なことです。合計十一人ですが、このあたりの住民が一〇〇%の比率で秦氏、つまり渡来人だったことになります。

平安京に遷都してすぐくらい、嵐山あたりの八二八年の班田図《はんでんず》があります。班田収授《はんでんしゅうじゅ》の原簿で、耕作者などが記載されていて、ほぼ七割までが渡来人、それも秦氏なのです。

ところで、秦氏をはじめとする渡来人の占める人口比率は、いったいどれくらいだったのでしょうか。人口統計の残っていない時代なので、正確なことは不明としかいいようがないのですが、まず自然人類学者、埴原和郎さんの計算があります。

氏は自然科学の手法を使って算出され、その結果は驚くべき数値でした。西日本の古墳時代人は縄文系、つまりは純粋な日本列島人がわずかに二または一にすぎず、渡来系が八または九、という割合での混血だというのです。

私の算定はこれとは違って、八一四年成立の文献である『新撰姓氏録《しんせんしょうじろく》』を手がかりとします。ここには一一八二氏族が、皇別《こうべつ》・神別《しんべつ》・諸蕃《しょばん》と区分されていますが、このうち諸蕃が中国や朝鮮の王族たちに求める渡来系の氏族、つまり渡来人です。その比率は約三割でして、つまりはそれだけの渡来人が当時はいたことになります。

渡来人というと、私たちはどうしても「外国人」と置き換えてしまいます。私自身も実際に渡来人をかみ砕いていう時、たとえば大学での授業がそうですが、外国人と考えてみてください、と言ってきたりしました。

でもこの数字は、圧倒的多数の自国人と自国文化、ごく少数の外国人と外国文化、といった範疇《はんちゅう》をはるかに超えます。日本人とは別に、異質な渡来人がいたというようなものではなかったのでして、果たした役割には違ったところがありはしますが、共存・共生して日本列島で歴史と文化の形成にあたってきたのです。

ことは京都でも滋賀でも同じなのでして、渡来人や渡来文化を考えることは、同時に日本人なり日本文化のルーツを考えることでもあるのです。

松尾大社の周辺は、かつて秦氏が集中的に居住し、松尾大社も秦氏によって創建されました（京都市西京区）

◆丹後半島とウミ

丹後半島一周道路、道路名は国道一七八号で、最終的には鳥取まで通じます。タンイチというのだそうですが、調べると開通は一九六二年、京都市内の生まれ育ちですがそれを私は覚えています。

それまでは半島を周回する道路はなかったのです。別に必要ないわけで、ウミを使えばいいからです。車社会になってそれではやっていけなくなって道路が造られますが、要するにウミが道路なのでして、まさにウミの丹後でした。

丹後半島の内部地域に文化が及ぶ道筋は、河川でした。川をさかのぼって文化・文明、また人は移動しました。いくつもの河川が半島から海側に流れ出していますが、由良川・野田川・竹野川が主なものでした。遺跡のありようを観察するとよく分かるのですが、ほとんどがこれらの川沿いにあり、川が物流だけに限らず、すべての暮らしの動脈だったのです。船でもって日本海からさかのぼるわけで、野田川ぞいの加悦谷《かやだに》に多くの古墳が集中していることからもよく理解できます。

◆神明山古墳と海上交通

丹後半島西付け根あたりにある神明山《しんめいやま》古墳は全長約一九〇メートル、日本海側で最大級の古墳です。農地も少ないこの地にどうして巨大な古墳が築かれたのでしょうか。その謎は古墳の上にあがるとすぐ分かります。眼下に農地が広がりますが、これは後世の埋め立てなどでそうなったもので、かつては海が入り込み、港の役割を果たしていました。ここを拠点とする日本海の交易などにたずさわって富を集積した豪族の古墳なのです。

丹後には「大県主《おおあがたぬし》」がいたと『古事記』は書いています。県主とは古代の地元豪族をいいますが、丹後にはそうした豪族を成立させるほどの経済活動があったのです。また別に丹後の五人の女性が垂仁《すいにん》天皇の後宮に入ったとも見えます。大和王権がこの地域の豪族と婚姻関係を結んで提携せねばならないほどその勢力は強かったのでして、今となっては辺鄙《へんぴ》な日本海岸地域が、古代には海を媒介に大きな位置を占めたことが理解されます。

神明山古墳のほかにも丹後半島には、二〇〇メートルクラスの網野銚子山古墳があります。

ここも広大な農地があるわけでなく、豪族を成立させる基盤は海での活動しかありません。海事や水運に従事して財を築いたのでして、舟運を駆使して広く環日本海地域を舞台とし、暮らしを活発に生きる人々がいました。いってみれば古代丹後半島の国際的先進性でしょうか。やがて大和の勢力にのみ込まれますが、光輝いていた時代のことです。

まんろう先生の深掘りコラム

井上満郎（いのうえ・みつお）

地中海としての日本海
文化回廊の「内海」

私が今でもよく使用するのは、日本海を真ん中にして、九〇度西に寝かせた、つまり上が東になる地図です。この地図で示したいのは、日本海が東アジアの地中海なのだということです。

日本海、今はそこに国境線があって、日本という国とそうでない外国とを隔てる境界には違いありませんし、多くの日本人はアジア大陸と日本列島とを隔てる存在として日本海を認識するでしょう。

でも国家ができ、国境が形成されるのはかなり後のことでして、それまではごく普通のウミ、人が行きかい文化が動く航路であり動線でした。向こうとこちらを妨げるものなどでなく、むしろ結びつけるものでした。

そのことは、ヨーロッパの地中海を考えるとよく分かるでしょう。

地中海は、誰もが知っている海です。面積は日本海よりはるかに広く、ほぼ三倍です。地図上では、たしかにヨーロッパ・アジア・アフリカといった大陸を隔てています。

でも実際にはそうした障害物というか、大陸間を隔てるものでなかったことは、どなたもご存じだと思います。紀元前にはすでに、フェニキア人たちがこの海の海上交易に従事して富をたくわえ、いくつもの都市国家を形成しています。やがてローマに敗れますが、カルタゴもよく知られた都市国家でした。

智恩寺の金鼓（重要文化財）。側面に「至治二年」の元の年号が記されているのは、この時期の高麗が元の制圧下にあったからです（智恩寺提供）

要するに地中海は三つの大陸を結びつける回廊なのでして、くどいようですが決して隔てるものではなかったのです。だからこそベネチア・ジェノヴァ・バルセロナなどの大きな都市が沿岸に形成されたのでして、そしてこれらの都市は今もなお繁栄し続けています。日本海もこうした「内海」の観点で考えねばならないのです。

丹後半島の東付け根、若狭湾を大きく入りこんだ天橋立近くにある智恩寺に、至治《しじ》二（一三二二）年に朝鮮半島で制作された金鼓《こんく》（鰐口《わにぐち》ともいう）があります。一種の仏具なのですが、至治は元《げん》の年号で、この中国王朝は遊牧などによってすぐれた移動技術を持っていましたから、さかんに商業活動を行い、この金鼓もそうしたなかで丹後にもたらされたのです。

ちなみにその銘文には海州首陽山《かいしゅうしゅようざん》の薬師寺での制作とあり、現在の北朝鮮の黄海に面した海《へ》州《ジュ》市で造られたことが分かります。日本海横断か、あるいは九州から壱岐・対馬を経る日本海の道によって、丹後にもたらされたのです。

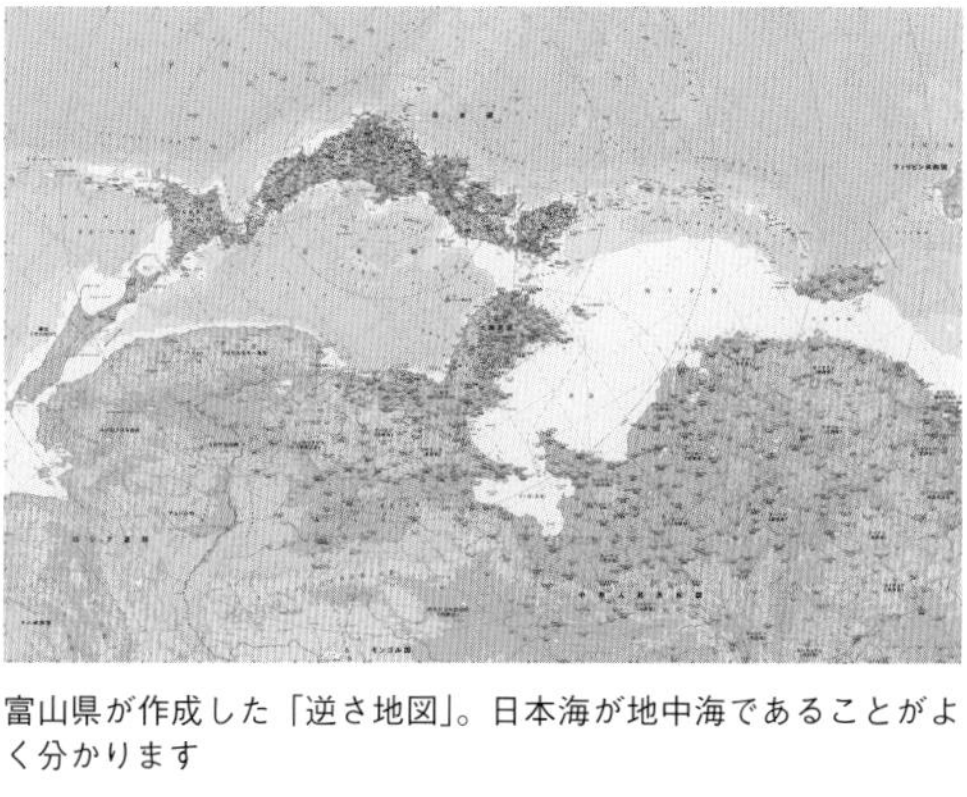

富山県が作成した「逆さ地図」。日本海が地中海であることがよく分かります

◆天日槍の遍歴

天日槍《あめのひぼこ》は伝説上の人物ですが、新羅国の王子です。韓国の東部にあったこの王国から日本に渡来しました。まず瀬戸内海、そこを東に進んで淀川を遡《さかのぼ》り、近江に入ったといいます。伝説ですがこのルートは何らかの史実をふまえての創作で、それは新羅からの渡来人の渡来とその居住地のあり方だと私は考えています。日本海とならんで瀬戸内海は彼らの重要な渡来ルートの一つでしたし、日本と海外との接触の大きな動脈でした。

天日槍が遍歴途中の近江に滞在した時の従者が、鏡村《かがみのむら》で陶人となったといいます。

この鏡は竜王町鏡で、近くにはそのものズバリの須恵《すえ》の地名も残ります。須恵器《すえき》をご存じと思いますが、縄文・弥生土器よりはるかに堅牢《けんろう》なこの土器は渡来の技術です。その製作が渡来人によってここで担われていたのでして、こうした事実があってこの説話が作られました。創作とはいえ、古代近江のありようを物語る重要な伝承なのです。

彼は最終的には出石《いずし》神社（兵庫県豊岡市）の祭神になりました。瀬戸内から琵琶湖を北へ出て日本海を西の但馬へと、西日本を一周します。

架空の人物のこの遍歴コース、新羅系渡来人の秦氏《はだ》の主な居住地をなぞって設定したらしく、ということは西日本全域にこの氏族の居住があったということです。実際にはもっと東にまで秦氏の居住は及ぶのですが、渡来人の渡来を考える上で天日槍伝承はたいへん興味深いものがあります。

◆遠処《えんじょ》遺跡の製鉄工房

丹後の竹野川流域で、古墳時代の製鉄炉と炭窯が発見されました。多数の住居跡もあり、少し時代は異なりますが近くにも製鉄炉遺構があって、周辺が古代の鉄生産の拠点であることが分かります。原料の砂鉄は朝鮮半島からきたのでしょうか。山陰対岸の韓国の慶州市から四、五世紀の製鉄遺跡の見つかっていることが気になります。いずれにせよ製鉄は渡来の技術で、日本最古ともいわれたここでそれが受け継がれていたのです。

◆椿井大塚山古墳の三角縁神獣鏡

私の学生時代、邪馬台国の位置論が盛んでした。それを一気に解決したかと思われたのが木津川市のこの古墳から発見された鏡の研究です。授業で直接聴きましたが小林行雄先生によるもので、中国の魏鏡と分析され、被葬者を女王卑弥呼つまりは邪馬台国と密接な関係のある人物の古墳だとされたのです。その後さまざまな意見が出て決着はまだついていませんが、アジアにまで広がる視野で邪馬台国も考えてみなければなりません。

●卑弥呼

邪馬台国女王で、かつ倭国王。私は考古学者ではないが畿内説に賛同しており、奈良県が邪馬台国の所在地だと考えている。彼女が「倭王」だったのは中国魏《ぎ》の皇帝による任命で、「親魏倭王《しんぎわおう》」だったと『魏志《ぎし》倭人伝《わじんでん》』（正式には『三国志』のうちの「東夷伝」の「倭人」に関係する個所）にある。魏という外国の存在によって王と認定されているわけで、日本最初の実名の分かる国王も、東アジア世界の国際秩序のなかではじめて成立しえたことを見逃してはならない。

◆雪野山古墳の三角縁神獣鏡

雪野山古墳は、滋賀県湖東の丘陵の山頂にある全長約七〇メートルのそう大きくない四世紀代の前方後円墳です。一九八九年の調査ですが未盗掘で、都出比呂志さんを団長として調査されました。多数の武器や装身具が副葬されていて、この地の豪族の墓であることは間違いありません。特に注意されるのは卑弥呼の鏡と呼ばれることもある三角縁神獣鏡《さんかくぶちしんじゅうきょう》の発見でして、葬られている豪族が邪馬台国と深い関わりのある可能性もあるのです。

◆百穴古墳群の渡来人

名称の「百」はむろん多くの、という意味ですが、実際にも百数十基があったようです。滋賀と京都を結ぶ峠の山中越《やまなかごえ》沿いにあって、六世紀ごろの古墳ですが、石室の天井がドーム状で、ミニチュア炊飯具も見つかっていて、その特徴から渡来人の墓所と考えられます。多くの横穴式石室が開口していますので、その様子を観察することもできます。東麓の錦織《にしこおり》あたり、渡来人の里ともいうべき地に暮した人々の墓所でしょう。

◆竜王町の陶人たち

『日本書紀』に見えますが、新羅《しらぎ》の王子天日槍《あめのひぼこ》が来日して西日本を遍歴、瀬戸内海から淀川・宇治川、最後は若狭を経て但馬に至りますがその途次に近江を訪れます。その従者が近江に定住したといい、滋賀の渡来人の繁栄を物語る象徴的な伝承で、渡来人の里だったことがここからもよく理解できます。竜王町の陶人のことは先に触れましたが、周辺には百基を越える須恵器の窯跡もあって、豊かな渡来文化が広がっていたのです。

◆南九州から来た隼人

外来ということでは、国内からではありますが隼人のことも見逃せません。京田辺市に大住《おおすみ》という地名があり、これは鹿児島県東部の大隅半島の「おおすみ」です。そこから移住してきた人々が大住氏を名乗り、地名にもなりました。九州の最南部ですから南洋文化とも関わりを持ち、それを京都にも伝えました。奈良時代の彼らの計帳《けいちょう》（住民台帳）が正倉院に残っており、そこに多くの隼人たちの名を見いだすことができます。

隼人たちは早くに大和政権に服属、支配下に入りました。征服民族を軍事力などに組み込むのは世界によくありますが、隼人も移住を余儀なくされて朝廷に勤務、警備や儀礼などに従事します。何カ所かの隼人居住地が知られますが、京田辺市もその一つです。九州は大和の政権が半島や大陸に進出するには当然押さえねばならない場所ですが、けっこう遅くまで反乱事件が起こっていて、思うように支配は進まなかったようです。

日本の天皇の初代である神武天皇は、日向（宮崎県）の出身とされています。だから普通は神武東征と呼ぶ、大和入りまでの七年の苦難の事業を設定せねばなりませんでした。

なぜ天皇が現にそこにおり、長くその統治を進めてきた大和に故郷を設定しなかったのでしょうか。隼人たちが大和に伝えた南九州の神話を素材にして天皇誕生が語られたからでして、隼人はこうした影響ももたらしたのです。

●隼人居住地

南九州から移住した隼人は、朝廷に出仕するためにその近くに居住した。隼人司《はやとのつかさ》によって管掌されたが、その長官を務めた人物の日記で滋賀県栗東市・京都府京田辺市・同宇治田原町・京都市上京区・大阪府八尾市・京都府亀岡市などに居住地のあったことが分かっている。異民族とみなしていたので、朝廷から少し離れた地に住まわされたのである。

知っ得コラム

隼人と蝦夷

ハヤトとエミシ、この言葉の起源はよく分かっていない。ハヤトはハヤ・ヒトで、ハヤと呼ばれた地域のヒトたちを指すというのが通説だが、このハヤがどこかは確定できず、『萬葉集』などに「薩摩」と結びついて見えることが多いので、薩摩地方のことと考えられている。また他方でハヤをハヤ・シ（早し）として、勇敢な人たちという説もある。

蝦夷については、人・男性を指すアイヌ語に由来すると考えられているが、確定はできない。ただエミシは文字で「夷」と記すように、中央政権には服属しない夷狄《いてき》と把握された。つまりは東夷《とうい》西戎《せいじゅう》南蛮北狄《ほくてき》として中華《ちゅうか》に従わないものと位置付けられており、要するに異民族扱いなのだ。事実、六五九年に派遣された遣唐使は、わざわざ同行させて「道奥《みちのおく》（のちの陸奥）の蝦夷」を唐の皇帝に見せている。異民族をも服属させているということをアピールしているのであり、蝦夷がそうした〝扱い〟であったことをよく物語っている。

◆東北地方からの蝦夷移住

蝦夷《えみし》は、古代東北地方の人々です。そこからさらに海の道は北につながりますので、北方文化の日本伝来を考えるうえで蝦夷は重要です。佐伯《さえき》という名字がけっこうありますが、蝦夷の移住させられた地名から出たものです。古代日本は東北地方のある程度の地域までしか国土ではなかったですが、北方との確かな交流がありました。寒冷ですから高い頻度ではないですが、日本の歴史・文化の成り立ちを考える時に忘れてはならないでしょう。

東北北部や北海道、ましてそれより北は異世界でした。蝦夷《えみし》は「異民族」ではないと私は考えますが、風俗・習慣がかなり違ったことも事実で、異なる文化環境でした。北海道にはアイヌ民族がおり、ここが本格的に国土に入るのは明治以後です。アイヌ民族博物館を含むウポポイ（民族共生象徴空間）が設立されてアイヌ文化に光があてられましたが、ともかく日本列島が単一の文化空間ではないことを知っておかねばなりません。

古代には、俘囚料《ふしゅうりょう》という地方予算枠がありました。俘囚、つまり東北から切り離して強制移住させた蝦夷たちの暮らしを援護するために設定されたものです。陸奥・出羽以外のほとんど日本全国に設定されていて、蝦夷たちが広く移住したことが分かります。当然これらの人々を通じて彼らの文化が各地に伝わりました。民族構成も含めて日本列島が、豊かな広がりと奥行きを持つものであったことを見逃してはならないのです。

◆古代日中間の交流

日本と中国は古来、漢字・仏教・儒教といった同じ文化を持ちます。でも国と国との交流となると紀元前後からで、中国側の記録に見えます。言葉は通じませんが、漢字を使えば意思疎通ははかれるのでして、五七年に漢の皇帝から小国の王に下賜された金印がその交流の証拠となります。当時の京都・滋賀との関係は不明ですが、五百面ほども発見されている三角縁神獣鏡《さんかくぶちしんじゅうきょう》が魏《ぎ》で製作の鏡なら、中国との交流はかなり進んでいたことになります。

邪馬台国のあとの日中の交流はよく分かりません。この時代以後中国は民族対立と王朝興亡の長い内乱時代に入ったからで、日本のことも記録に出ないのです。それを一五〇年ぶりに回復するのが倭の五王で、五人の天皇が次々に使節を派遣して文化・文明の吸収に努めました。当時の日本は巨大古墳からも分かるように王権も急速に拡大します。民間的にもたくさんの渡来人の渡来があり、両者あいまって日本の歴史は大きな発展をとげたのです。

倭の五王以後、一〇〇年にわたってふたたび国交は途絶え、それを回復するのが遣隋使《けんずいし》です。

日中のここまで五〇〇年間の交流原理は冊封《さくほう》体制といい、中国の皇帝が日本の天皇を王に任命するという仕組みでした。この君臣関係の締結は、中国の周辺諸国に対する統治の原則でして、それをこの時に日本は拒絶します。緊迫したやりとりがありましたが、こうした新外交方針の定立に近江の小野妹子《おののいもこ》や犬上御田鍬《いぬかみのみたすき》が大活躍しました。

◆新井崎神社の徐福

丹後半島の東の付け根の伊根町、日本海を見おろす山腹に新井《にい》崎《ざき》神社はあります。ここに徐福《じょふく》が到着したといい、彼が神社の祭神です。秦の始皇帝の命令で仙薬を求めて東方に旅立ちますが、はるか遠方と往復するというので、いくら年数が経っても帰郷できるようにと三千人の子供を率いていきます。結局は戻らなかったのですが、その到着地がここだといい、徐福を祀《まつ》りました。史実のほどは不明というほかないですが、日本とアジアのつながりをよく物語る伝承です。

徐福《じょふく》伝説を伝える場所は多くあります。確かに日本列島は中国から東方になりますし、日本海横断ルートは早くから用いられていましたから、徐福が到着したという伝承はごく自然に成立しました。仙人が住み、不老不死の薬を作っているという蓬莱山《ほうらいさん》。その理想郷は東にあると信じられていたので、日本はもっとも適切だったのでしょう。いくつかの到着を伝える場所がありますが、和歌山県新宮市のものがよく知られています。

●徐福伝説

徐福は徐市《じょふつ》ともいい、司馬遷《しばせん》の『史記』にみえる。秦始皇帝《しんのしこうてい》の指示で、長生不老の仙薬を求めて東方に旅立つ。実在性の疑わしい人物だが、その東方にあたる日本の、九州から富士山に至るまでの数ヵ所に到着地と伝える場所がある。

◆与謝郡での王族隠棲

丹後に天皇、正確には即位前の天皇ですが、しばらく身をひそめていたことがあります。顕宗・仁賢両天皇が、五世紀後半の王権をめぐる紛争をさけて避難しますが、それが与謝郡でした。

天皇のいる大和から遠く離れたここが、どうして避難地になるのでしょうか。王族をささえ、やがて即位に導くほどの有力な豪族がいたからでして、その豪族の勢力基盤が環日本海世界であることは疑いなく、豊かなこの地域のありようがここからもよくしのばれます。

◆溝谷神社の新羅

溝谷《みぞたに》神社は丹後半島の中心あたりにあり、式内社ですから古代もかなりにさかのぼる名社で、現在の祭神は素戔嗚命《すさのおのみこと》ですが、長く新羅《しんら》大明神と称されてきました。

日本海側、特に京都から福井にかけて新羅《しらぎ》系神社の多いことがいくつかの調査で分かっており、この地域と新羅とのかかわりの深さが理解できます。日本海の対岸は新羅なのでして、その地の人や物の渡来と密接に関係する神社だと私は思っています。

◆「筒木の韓人」の奴理能美

『古事記』に見えるのですが、「筒木《つつき》」には「韓人《からひと》」が住んでいました。筒木は綴喜のことです。仁徳天皇の皇后磐之媛《いわのひめ》が夫の浮気に激怒、奈良南部の実家へ帰るという部分に見えます。淀川・木津川とさかのぼり、平城山《ならやま》の手前、綴喜に寄り道して、韓人つまり渡来人の奴理能美《ぬりのみ》の家に滞在しました。彼は蚕を飼育しており、織物にたずさわっていました。南山城での、機織技術を伝える渡来人の居住を物語る伝承といえましょう。

●奴理能美

努利使主《ぬりのみ》などとも書き、使主《おみ》は臣《おみ》で、豪族のこと。南山城で養蚕にあたっていた渡来人という。『古事記』によれば、夫仁徳《にんとく》の不実に怒った皇后が実家への帰途に立ち寄ったとあるので、一族は相当の勢力を築いていたものと思われる。使主では、漢《あや》氏の祖と伝える阿知使主《あちのおみ》が有名。

◆「宇宙有名」の近江

近江と深い関係を持った奈良時代の人物に藤原武智麻呂がいます。大化改新の功績者鎌足の孫です。その伝記に見えるのですが、近江は「宇宙有名《あめのしたになある》（天下に名のとどろいた所）」だというのです。そしてその理由に交通の便利さをあげます。交通は国内統治や情報伝達に重要な役割を果たすのですが、東は不破《ふわ》、北は敦賀、南は山城を経て大和へ、と述べます。近江の、古代どころか現代まで続くその特性を見事に言い表しています。

◆近江と国際港敦賀

近江はその北部の山地を越えればすぐ越前に出ます。江若《こうじゃく》鉄道をご記憶かと思いますが、この名は近江と若狭を結ぶ鉄道の敷設を目指したことによります。結局実現することはなかったのですが、滋賀県と福井県の関係の密接性を物語ってあまりあります。そしてこのアクションが滋賀県側から起こされたように、背後にはアジアにまでつながる日本海世界と近江との連絡という側面があったことを見逃してはならないでしょう。

敦賀は古代日本にとって国際的・国内的に重要な港湾で、物流の拠点でした。北陸地方の税はすべて海路でここに運送、そして都へ運ばれます。当時の税は物納ですから膨大な物品が集積され、それとともに一般流通に供される物品も集まったはずです。平城京に楢磐島《ならのいわしま》という商人がいて、彼はあつかう商品を敦賀にまで買い付けに行っています。奈良から行くくらいですから、たくさんの物品があったことを知ることができます。

敦賀はまた海外物流の拠点でもありました。伝承世界のこととはいえ地名の起源ともなった都怒我阿羅斯等《つぬがあらしと》（ツヌガは敦賀のこと）は、朝鮮半島から山陰海岸を経てここに上陸しますし、ということはここを起点に山陰から北陸と全日本海岸につながる世界があったことになります。まさに環日本海文化圏の拠点だったことになるわけで、敦賀から一山越えた近江にとっても実に重要な役割を果たしていたということです。

知っ得コラム

港湾の敦賀

敦賀は列島の日本海岸のちょうど中間にあたり、しかも長年の都である奈良や京都にごく近い。このとき、『日本霊異記』に見える楢盤島のことはたいへん注目される。彼は大安寺の西あたりに住んでおり、ここは平城京の経済センターである東市《ひがしのいち》の近辺になる。その大安寺から資金を借りて敦賀に向い、物品を買い込んで平城京に運送、売りさばく商売をしていたのである。敦賀からは福井と滋賀の県境の低い山地を越え、船で琵琶湖を南下しようとする。大量輸送のきく舟運を利用しており、日本海と首都平城京との間に水路を活用しての流通路があったのである。ところが彼は途中で病を得て、ひと足先に平城京に帰ろうとしたが途中で閻魔王《えんまおう》の使者に捕えられようとした。結局は善行のゆえに許されるというオチになるのだがそれは省略して、とにかく敦賀に行っているというのは、ここには海外物品が豊かにあり、それを商品として販売して利益を得る商人を成り立たせるだけの物量だったということになる。首都の経済機能は、こうした海外との民間交易によってもたらされたものによって成立していたことを示している。

まんろう先生の深掘りコラム

井上満郎（いのうえ・みつお）

天日槍の日本遍歴と秦氏の居住

必須の「宍粟コース」

天日槍《あめのひぼこ》は、伝承上の人物ですが新羅《しらぎ》国の王子です。新羅は現在の韓国の東部にあって、そこから日本に渡来します。『日本書紀』にも『古事記』にも登場するのですが、興味深いのはその渡来のルート、つまり朝鮮半島と日本列島の海上交通の実態がたどれることです。

まず『日本書紀』のほうですが、小舟に乗って播磨に来ました。関門海峡から瀬戸内海に入り、東に行ったことになります。播磨のうちの「宍粟邑《しさわのむら》」（宍粟《しそう》市）に来ます。

天日槍がたどり着いた出石神社。新羅からもたらしたという神宝も安置されます（兵庫県豊岡市）

来日を聞いた天皇は、この村と淡路島の村を領地として与えようとしますがこれを辞退、宇治川から近江に入って、さらに湖北から西へ越えて若狭を経て但馬にいたります。そして出石神社（兵庫県豊岡市）の祭神になりました。

このコースで私が注目するのは、宍粟に寄っていることです。ここは内陸部でして、瀬戸内海の海上ルートをかなりはずれており、にもかかわらずわざわざ寄っているのです。不自然なこの立ち寄りには、何か意味があるはずです。

もうひとり、少し別のルートで渡来してきた人物がいます。大加羅《おおから》国の王子だという都怒我《つぬが》阿羅斯等《あらしと》で、この国は今の釜山《プサン》あたりにありました。

陶器神社（甲賀市＝上）と鏡神社（竜王町＝下）。近江は天日槍の通過地で、彼を祭神とする神社です

そこから長門《ながと》（山口県）・出雲（島根県）の日本海ルートで敦賀（福井県）に来ました。小さな入江のたくさんあった山陰海岸には、それをたどる航路の存在したことが知れて興味深いのですが、ともかくこの人は、日本海経由で渡来したことになります。

実はこの二人、『古事記』では一人の人物で、この伝承のもとは同一人であったことが証明されています。『日本書紀』の物語構成の上で二人に分割され、別々の人物にされたのです。ですのでもとの一人の人物は、西日本を一周していることになります。

ではこの伝承のルートは、どのようにして設定されたのでしょうか。そこでヒントになるのが、右に触れたように不自然に内陸部の、しかも海岸から遠い宍粟に寄っていることです。

要するにもとの人物の遍歴コースは、日本に居住する、新羅を母国とする秦《はだ》氏の居住地を結び合わせて構想されたものなのです。コースとしては不自然になるけれども宍粟には多くの秦氏の居住があって、取り上げざるをえなかったのです。

史実としての秦氏居住地域はずっと東にまで及びますが、主だったものは西日本全域に展開していて、地元社会でそれぞれに活躍していたことが、この伝承からも読み取れます。

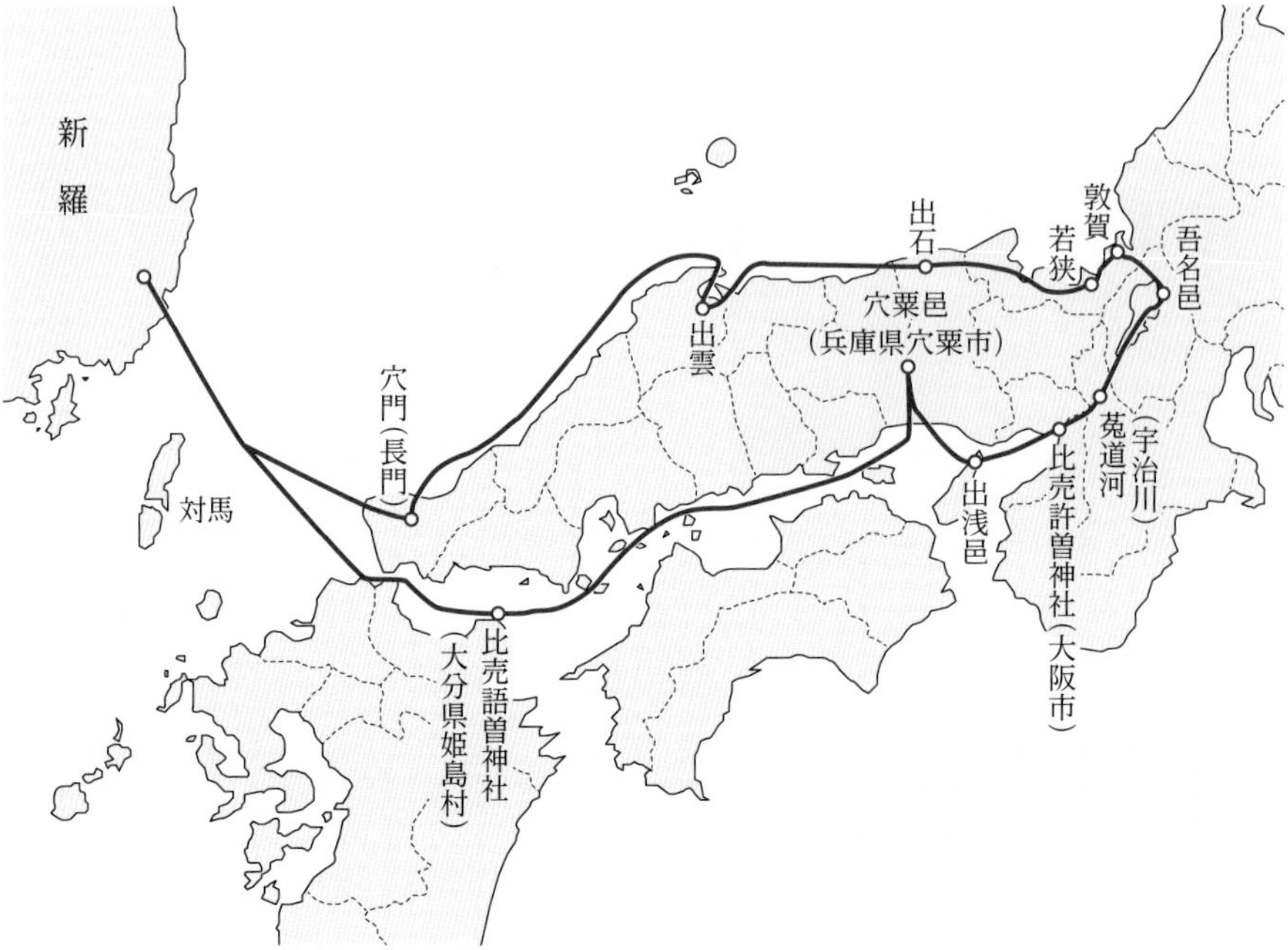

アメノヒボコとツヌガアラシトの穴粟コース

知っ得コラム

ヒボコとアラシト

アメノヒボコ（天日槍・天之日矛）とツヌガアラシト（都怒我阿羅斯等）、ともに伝承上の人物でその実在性は疑わしいが、両者の伝承の語るものは大きい。

伝承を伝える『古事記』をもう少し丁寧に見ると、そこにヒボコのこととして記されているのは彼が「新羅の国王の子」で、「赤玉」から生まれた美しい女性を妻とするものの、やがて妻は夫を嫌って逃走して小船で日本の「難波」に至った。そこでヒボコは妻を追って難波に行こうとするが、さまたげられて引き返し、「還《かえ》りて多遅摩《たじま》（但馬）」にとどまったという。瀬戸内海をいったんは大阪湾まで来て、そこから「還りて」（戻って）山陰地方の但馬というのは地理的に乱れた記述になっていて理解が難しいが、但馬の出石神社の祭神であるという事実からこのコースは設定されたものであろう。この「但馬」への道は山陰の航路、つまりアラシトがたどったコースであり、ヒボコ・アラシト合わせて、広範な秦氏たち渡来人の渡来と居住を物語っている。

日本海と京都

◆つながる環日本海地域

出雲（島根県）に韓国《からくに》伊太氏《いたて》神社という神社があります。『延《えん》喜式《ぎしき》』に六社もの記載があって、韓国《からくに》は文字通りに朝鮮半島のことでしょうし、出雲がそこと深い関わりを持つ地域であることを物語ります。

考えてみれば出雲と朝鮮半島東岸とは対岸ですし、その間には隠岐島・竹島・鬱陵島《ウルルンド》があって、いい寄航場所になっていました。人や物の往来があるのは当然のことでして、日本海がアジアの内海であることが理解できます。

『出雲国風土記』は完全に残っている唯一の風土記で、そのために当時の地域文化のありさまがよく分かります。その一つが国土生成の神話で、まず新羅《しらぎ》の岬、ついで隠岐島や高志《こし》（越）、つまり北陸までも含んで国引《くにび》き、手元に引き寄せて生成したといいます。

同じ国内ではなく外国の新羅、また北に離れた高志がここにみられ、まさに日本海がその沿岸ばかりか、海の向うの朝鮮半島にまでつながっていたことを示しています。

出雲の国土生成神話が北陸との関係を説くのは、その間に交流があったからです。その交流を保証したのは山陰から北陸にかけての沿岸航路の存在で、途中に丹後や、近江に接する若狭があります。新潟県産とおぼしきヒスイが縄文時代にはすでに北海道から沖縄まで出土するようですし、その売買ないし交換をうながす交通環境が遠い時代からあったのは確かで、環日本海文化圏の意味と意義を見逃すわけにはいかないでしょう。

◆二つの羽衣伝説

天女と羽衣《はごろも》をめぐる伝説は、天上の女性が地上に降りたときに羽衣を隠されるというものでして、実は世界中に分布します。また天女が主人公であることは共通しますが、話のバラエティーは豊富で、さまざまな内容をとります。

日本でも古くから見られるのですが、それが世界性を持つということが見逃されてはなりません。加えて水辺が関係することが多く、おそらくはウミ世界と深くつながっての伝播ではないでしょうか。

近江にも羽衣伝説はあって、余呉《よご》湖が舞台です。天女が白鳥となって降って水浴していると、それを見た伊香刀美《いかとみ》という男が羽衣を奪い取ります。天に帰れなくなった天女はそこで夫婦となり、子どもをもうけますが、それが伊香氏という豪族の祖先となったといいます。やがて羽衣を見つけて天に帰るのですが、天女という常人ではない先祖を設定することによって、特別な一族であることを主張しようとしたものなのです。

丹後にもこの伝説があります。ある里に今は沼となっている泉があって、天から降った天女が水浴していました。これを見た老夫婦がひそかに衣を取りあげて返さなかったので、仕方なしに地上にとどまります。子供のなかった夫婦は我が子になるよう求め、万病に効く酒を造り、農地をも豊かにしますが、やがて夫婦は彼女を追放します。こちらの天女は天に帰ることなく遍歴の末、京丹後市の奈具《なぐ》神社の祭神となりました。

まんろう先生の深掘りコラム

井上満郎（いのうえ・みつお）

南九州の隼人と東北の蝦夷
服属しない「異民族」

日本列島のなかの「異民族」。これはかなり難しい問題を含み、なお確定されていないといってよいでしょう。国籍なら簡単なのですが、「民族」は人によってその概念が大きく異なるからです。

ですが古代日本では主に、南九州の隼人《はやと》と東北地方の蝦夷《えみし》が、そう認識されていました。

ただ隼人のほうは、かなり早くに国家・朝廷に服属し、異民族色を薄めています。これは当然でして、奈良盆地に拠点を持つ政権が朝鮮半島や中国大陸と接触する時、瀬戸内海から北部九州という行程ですから、それに近い南九州地方は早くに支配下に組みこんでおく必要がありました。時期がいつかは確定しにくいですが、大和政権と海外との交流が頻繁になるのは五世紀、倭《わ》の五王の時代なので、おそらくこの頃のことと思われます。

服属した隼人たちは都近くに移住させられ、宮廷の警備や、芸能の奉仕などにあたりました。そのために隼人司《はやとし》という官庁までもが造られ、隼人たちを統率しました。特に彼らのになう芸能は服属の証しとして重要でして、大嘗祭《だいじょうさい》といった天皇代替わりにともなう大切な国家儀式で隼人舞が演じられています。

一方の蝦夷ですが、彼らはかなり遅くまで自立・独立の勢力を保ち、中央の政権と対立しました。関東から東のほとんどに彼らの社会が広がっていたのですが、蝦夷という文字が示すように夷狄《いてき》として把握されました。

これは中華思想といわれるもので、頭の中での思想であって現実とは別のものです。自分が中心で、周りの服属しない民族をすべて劣った異民族とみなし、蔑視・差別するのですが、東夷西戎南蛮《とういせいじゅうなんばん》北狄《ほくてき》といって、その方角によって区分されます。蝦夷の居住地は古代には東と認識されましたので、「東夷」になるわけです。

蝦はエビのことで、その姿が普通の人間ではない、エビのような背中の曲った格好の異人だという見方、つまりはいわれない先入観から蝦夷と表現されました。

要するに服属していないという政治的な事実が先にあって、だから「異民族」だということになります。実際に異民族だからそう認識されたのでなく、政治的に国家に組み込まれていないのでこう把握されたのです。

ただこれは現在からみてそうだということで、古代では蝦夷も隼人も異民族として扱われ、とりわけ蝦夷はそうで、日本の各地に移住させられています。それらの異民族と把握された人々とともに、日本の歴史・文化は発展していったのでした。

月読神社の隼人舞。昭和の復元で、ここの地名の大住は大隅（鹿児島県）で、隼人が住んでいました（京田辺市大住）

◆浦嶋神社と浦島太郎

浦島太郎。彼を祀《まつ》るのが伊根町の浦嶋神社で、乙姫さまからもらった玉手箱まで伝わります。でもこれはただのおとぎ話ではありません。ウミ世界の持つ意味を物語るものなのです。漁民が漁で漂流、何年も帰郷できない危険はいつもあります。帰ってきたもののその間に年齢を重ねて白髪になったなど、普通のことでした。ウミに生きる海民の暮らしのさま、またこの地域がウミを暮らしの場としていたことをよく示しています。

◆浦島太郎の〝子孫〟

浦島太郎には子孫がいます。太郎の叔父の子孫といい、ことの次第をどう考えるかはロマンの世界に属しますが、浦島太郎の話が大切に伝えられていることが重要です。この伝えの背後には丹後半島はむろん、環日本海文化圏にまで広がる東アジア世界と、ウミを暮らしの場として生きる庶民世界とがあるのです。史実ではないと切って捨てるのではなく、この伝説を語り継いできた地域の暮らしを大切にしなければなりません。

浦島太郎をまつる浦嶋神社。この話は、ひとたび漂流すると何年も帰郷できない海民の暮らしを反映しています（京都府伊根町）

◆網野神社と嶋児神社

浦島太郎の伝説は、京丹後市にもあります。網野神社は水江浦《みずのえのうら》島子《しまこ》、つまり浦島太郎を祭神としますし、近くの嶋児《しまこ》神社もその名の通り浦島子を祀《まつ》ります。埋め立てが進んでしまいましたが離《はなれ》湖《こ》が今も残るように、かつてずっと海が入り込んでいて、天然の良港でした。海を活動の場とする多くの海民が、ここを拠点として行き交う暮らしが展開していたのでして、そういう背景で浦島太郎伝説が広がっていたのです。

◆済州島と古代日本

肥後国（熊本県）の古代の税物に、耽羅鰒《たんらあわび》があります。耽羅は韓国の済州島《チェジュド》のことで、ここで採ったということです。また志摩国（三重県）の名錐《なきり》（現志摩市波切《なきり》）からもこの鰒が納められています。ずいぶん減ったようですが今でもこの島には多くの海女小屋があって、漁民の活動は盛んです。日本からここまで行って鰒を採集し、それを税物として納入していたのでして、現在は外国ですが古代には極めて近しい島だったのです。

奈良時代、藤原広嗣が九州で反乱を起こします。奈良から左遷での赴任の不満が高じてのことでしたが、あえなく敗北。ただこの時に彼は済州島への逃亡をはかりました。北九州市あたりで政府軍を迎え撃つものの敗れて西走し、五島列島（長崎県）の小値《おぢ》賀《か》島へ、そこから済州島へ向かいますが島の直前で風に吹き戻され、捕えられました。結局は実現しなかったのですが、距離でいえば五島列島から約百八十キロ、済州島は当時の日本人の行動範囲内に入っていたのです。

◆綾部は「漢部」

綾部市の綾部は、漢部《あやべ》からきています。漢部は漢《あや》氏に統括された渡来人ですが、彼らは機織を得意とし、それが織物の綾《あや》と結びついて綾部となりました。ここは何鹿郡《いかるがぐん》に属し、漢部という姓も見えます。

亀岡市あたりにも漢部という古代地名はあって、気候風土もあるのでしょうが丹波一帯に、織物産業にたずさわる渡来人たちが居住していたことが分かります。繊維産業のグンゼ（もとは郡是《ぐんぜ》製糸株式会社で、この「郡」は京都府何鹿《いかるが》郡のこと）発祥の地がここだというのも興味深いです。

◆丹波氏と日本医学

平安時代の日本医学を担ったのは丹波氏と和気《わけ》氏で、医務官僚の典薬頭《てんやくのかみ》などを世襲しました。丹波氏の本拠は丹波（京都府と兵庫県）としか分からないですが、一族の丹波康頼《やすより》は日本最古の医書『医心方《いしんぽう》』を著しましたし、孫の忠明《ただあき》は最高権力者藤原道長の治療にあたるほどの名医でした。医薬の知識や技術は外来のものですから、渡来人の子孫であるこの一族が、そうした文化をあるいはこの頃まで伝えていたのかもしれません。

●丹波氏

丹波を本拠地とした渡来系氏族。後漢の霊帝を先祖とし、渡来して丹波（京都府・兵庫県）に居住した。丹波哲郎《たんばてつろう》さんという俳優がいたが、そのルーツ探しで亀岡市にも来られたことがあるという。

◆吉備と大和王権

のちに備前・備中・備後と分割されますが、吉備はたいへん興味深い地域です。地図をみればすぐ分かりますが、大和などから朝鮮半島や中国大陸に行くためには必ず通過せねばならない瀬戸内の要衝ですし、ここを押さえれば日本と海外との道を制圧できます。それくらい重要な位置にあったのでして、岡山県あたりの海岸べりにはたくさんの古墳がありますが、海を支配下に収めて裕福となり、権力を得た豪族たちの墳墓なのです。

巨大古墳のベストテンに、吉備の古墳が二つもあります。他は大和・河内といった大和政権の本拠地なのですが、ではなぜ吉備にあるのでしょうか。

古墳は権力の象徴です。吉備にも巨大な権力者がいたのです。奈良に天皇が成立しますのではじめからそのような歴史の歩みだったかのように考えてしまいますが、それは違います。吉備から天皇が成立する可能性もあったわけでして、多元的に日本歴史を考える必要があるのです。

吉備出身の京都貴族が和気清麻呂《わけのきよまろ》です。今も岡山県に和気郡があり、ここで生まれ育ちました。先に平城京に出ていた姉を頼って上京、奈良・京都の朝廷で活躍します。とりわけ道鏡の即位を阻止し、また桓武天皇に平安京遷都をすすめたことはよく知られます。地方豪族が都に出て、しかも閣僚なみの地位にまで昇進したのは、ほぼ同時代の吉備真備《きびのまきび》くらいです。二人ともに吉備の出身で、古代吉備の伝統がなお生きていたのです。

◆オルドス式銅剣の鋳型

オルドスは中国の内モンゴル自治区の西部をいい、モンゴル民族の居住地でした。そのあたりに源流をもつ銅剣で、その鋳型が何年かまえに高島市の上御殿《かみごてん》遺跡から見つかっています。弥生時代から古墳時代にかけての遺物のようですが、鋳型があるのは日本で銅剣を生産したということで、朝鮮半島に出土例はなく、この文化はオルドス地方から日本海を経て直接に伝わったのでしょう。近江がアジアに向いた表日本であることがよく知られます。

オルドス地方との文化交流が問題になる最大の点は、このあたりが日本の騎馬の風習の起源ではないかということです。騎馬は五世紀に本格的に伝来したようで、それは日本の古代国家が急速にととのっていく時期でした。ウマが軍事や経済などに画期的な変革をもたらしたわけで、この銅剣の鋳型が使用された時代とは若干異なりますが、早くから日本海横断ルートが存在し、その拠点の一つが近江であったということなのです。

高島市で見つかったオルドス式銅剣の鋳型。大陸の文化が日本海を経て近江に伝わったと見られます（2013年８月撮影）

◆最古のコマ

珍しいコマが大津市の南滋賀遺跡から見つかりました。古墳時代後期のものらしく、国内最古といいます。あたりは渡来人の居住地で、私たちにはなじみの深いコマですが、朝鮮半島からの伝来かとも考えられます。コマは高麗《こま》、つまり高句麗《こうくり》から伝わったのでそう呼ぶのだという説もあながち間違いではないのかもしれません。遊戯用か儀式用かなどまだ不明なところが多いですが、日本文化のルーツを物語る遺物の一つでしょう。

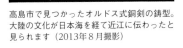

最古のコマ

穴太遺跡（大津市弥生町）のオンドル遺構

◆オンドル遺構と渡来人

オンドルは漢字では温突と書きますが、古代の床暖房です。朝鮮半島起源のもので、それほど寒冷でないからでしょうか、日本では普及しませんでした。だからこそ、この遺構のあるところは渡来人の居住地と推定できるわけです。大津市歴史博物館に移築されていますが、大津市の穴太《あのお》遺跡から発見されたオンドルで、この地域に暮した渡来人たちが、故郷の暖房システムを用いて過ごそうとした冬の苦労が知られて興味深いです。

厚く塗りこんだ壁のことを大壁といいますが、オンドルと同じく渡来の建築技法です。日本の住宅は縄文時代以来壁を持ったようですが、大壁は柱を壁土で塗りこめてしまう工法で、当然頑丈な建物になります。日本の住宅建設に新たな進歩をもたらした技術で、高島市天神畑《てんじんばた》遺跡・大津市穴太遺跡などから見つかっていて、近江に広く分布します。渡来人の居住があったのでして、彼らがもたらした最新の文化・文明だったのです。

オンドル

漢字では「温突」で、朝鮮半島や中国東北部の、主として朝鮮民族の家屋で用いられた。外部から取り込んだ熱を帯びた煙を床下にまわして部屋をあたため、室内暖房として利用する。たき口は台所かあるいは室外にもうけられ、今でも韓国では盛んに用いられているようで、宮殿などにはかならず外部に立派な構造のたき口が付いているのを見ることができる。床下に供給されたあと建物外に排出されるが、時に室内に炭酸ガスが漏れて中毒におちいることもあり、今でもみられるものの暖気の供給方法は古代からかなり変化している。

いつ頃か記憶していないが、寒い季節に韓国の辺鄙な山地の史跡調査に入ったときに、文字通りに寒村で、この設備を持つ旅館に宿泊した。韓国の寒気は日本よりも体感的には一回りも二回りも増すので、たいへんなところに泊まったと思ったのだが、思いのほかに暖かくて感動したのを覚えている。

◆都怒我阿羅斯等の渡来ルート

伝説上の人物ですが都怒我阿羅斯等《つぬがあらしと》は、韓国南部の釜山あたりにあった加羅《から》国の王子です。日本に渡来しますがまず長門（山口県）、ついで出雲（島根県）へと「北海《きたつうみ》」、つまり日本海沿岸をつたわり、敦賀に上陸します。そこから大和の都に向かうのですが、当然琵琶湖の湖上交通を使用したはずです。近江が、環日本海地域と日本中枢部を結ぶ役割を果たしていたのでして、琵琶湖はまさに日本の動脈だったのです。

本州は古代には大日本豊秋津洲《おおやまととよあきづしま》と呼ばれていましたが、いくつもの山脈が縦断して日本海側と太平洋側とを隔てています。多くの峠があって人はそこを移動しましたが、物資の運送には極めて不便だったことも確かです。ただ一カ所、琵琶湖を通る道だけが両者を効率的に結んだのでして、近江は日本列島の回廊をもなしていました。奈良や京都にあった都が首都機能を果たせたのは近江があったからだといっても過言ではありません。

敦賀駅前に立つ都怒我阿羅斯等像

●都怒我阿羅斯等

『日本書紀』などに見える人名で、意富加羅《おほから》国の王子。ツヌガは新羅の最高官位である角干をツヌカンと読んだものという。別に阿利叱智干岐《ありしちかんき》ともあり、この干岐は王のことで、朝鮮半島の高貴な王族に仮託された渡来人秦氏《はだし》の渡来を語る伝承である。

まんろう先生の深掘りコラム

井上満郎（いのうえ・みつお）

「日本」「天皇」はいつ成立したのか

称号・国名 密接な関係

日本、この国の名が定まったのは一三〇〇年ほど前です。それまで「日本」という国はありません。

以前の日本は、「倭《わ》」と呼ばれていました。ただこれは、よく知られた漢の皇帝から下賜された金印に「倭の奴《な》国」とあるように、国名というよりは日本全体を指す地域名に近いです。奴国もそうですが、『魏志（ぎし）』倭人伝（わじんでん）に見える邪《や》馬台国《またいこく》や伊都《いと》国・狗奴《くな》国といったようないくつもの「国」が倭にはあり、それぞれに王がいて、別々の官僚組織がありました。いわば小国の群雄割拠状態だったのでして、とても国家とは呼べないようなものでした。

世界遺産・仁徳天皇陵古墳（堺市、大山古墳）。「天皇」の称号が確実に使われるのは７世紀後半で、それ以前は「大王（オオキミ）」と呼ばれていました

それが統一国家になっていくプロセスは複雑なのですが、ともかく統一が成し遂げられた頃である七世紀末・八世紀初に「日本」が国際的で公的な国名になりました。

「倭」は、最初は中国からの呼び名です。日本が自分でそう決めたわけではありませんでして、ですので「日本」は始めて日本人が自分で決めた国名、ということになります。それが現在まで使用されていて、ちなみに読みは「にほん」あるいは「にっぽん」で、いまでもこの両方が用いられています。

「天皇」の称号もよく似た状況で、明確な使用開始時期は不明です。諸説はありますが、七世紀後半には確実に使われていました。国名の成立とほぼ同じ時期なのでして、称号「天皇」と国名「日本」とが密接な関係で成立したことが分かります。

日本の国王は、もとは単に「王」または「大王」という称号でした。邪馬台国女王卑弥呼《ひみこ》は「親《しん》魏《ぎ》倭王」ですし、四七一年の銘のある埼玉県稲荷山《いなりやま》古墳出土鉄剣の銘文では「獲加多支鹵《わかたける》大王」です。

この大王の読みはおそらくオオキミで、王のなかで超越した勢力を持つことから生じた称号と思われます。「大王」という称号は朝鮮半島にもあるのですが、国際的には日本の国王は「王」でして、「大王」はいわば国内向けの自称だったようです。

「天皇」という名称は中国をならったもので、道教《どうきょう》の神に「天皇《てんこう》」があります。伝説の神である東王父《とうおうふ》、あるいは北極星を神格化したものをいうようです。どちらにしても神なのでして、特別な存在をいっそう特別化しようというものでした。

「日本」「天皇」、いずれも私たちにたいへんなじみの深い言葉です。でもその成立は意外と新しい時代なのでして、そしてそれは国際的接触の増加とともに起こりました。日本の歴史が、いかに国際的環境のなかにあったかということなのでして、行き交い、交わる人と文化、それがあってこその歴史の形成なのです。

◆白鬚《しらひげ》神社神社の鳥居

琵琶湖の西を北に大津市を抜け、比良山系が湖に迫るところ、湖上に朱の鳥居が浮かびます。近江の厳島とも呼ばれるそうですが、このシラヒゲ（白鬚）はシラギ（新羅）のことで、渡来人が祀《まつ》った神社らしく、湖上からこの神を拝するので湖上交通と深い関わりを持ちます。そしてこの湖上交通は、琵琶湖北側の野坂山地を越えれば日本海へとつながります。新羅かどうかはともかく、まぎれもなくアジアにつながる神社なのです。

そういえば琵琶湖を北に越えた辺りには、いくつもの新羅系の神社があります。若狭・越前だけで十カ所以上をあげる調査報告もあり、なお検討の余地もありそうですが、多くの渡来系の神社があることは確かで、新羅と日本との関わりの深さが知られるでしょう。アジアに直結する日本海からいえば少し越えれば近江なのでして、ここにアジア大陸の人が渡来し、その信仰拠点を持つのはごく自然なことだったのです。

●白鬚神社

神社の祭神は、時に応じて変化する。典型的なのは牛頭天王が明治になって素戔嗚にされたのがそれで、したがって現在の祭神の名称から神社の成り立ちを考えることには慎重にならねばならない。白鬚は白い鬚の老人の姿の神とされ、神が老翁の姿をとることはよくあるが、これは白・鬚という文字にひかれてそうなったものであろう。日本各地の多くの白鬚神社は現在の祭神を神話に登場する猿《さる》田《た》彦命《ひこのみこと》としているが、この神社の祭神に新羅・シラギがどう結びついたのかは、たしかにシラギとシラヒゲの音は類似するものの、なおじゅうぶんには解明されていない。

白髭神社

◆倭彦王と千歳車塚古墳

倭彦王《やまとひこのおおきみ》は『日本書紀』にただ一度だけ登場する人ですが、天皇に擁立されようとしました。武烈天皇が崩御し、適当な後継者が見つからないためこの人物が候補になります。そこで大和から王のいた丹波まで迎えの行列が派遣されるのですが、自分を殺害に来たと誤解して逃亡し、結局そのあと継体天皇が即位します。事情のよく分からない出来事なのですが、天皇を出すほどの勢力が丹波にあったことを示すことだけは確かです。

　倭彦王の墓と想定されるのが、亀岡市千歳にある千歳車塚古墳《ちとせくるまづか》です。全長八〇メートル少しの前方後円墳で、そう大きくないですが丹波の地元勢力のありようを物語ります。この王が擁立されようとしたのは当地の農業生産の豊かさもむろんあったのですが、それ以上に日本海につながり、アジアにまで広がる経済力や情報力があったからではないでしょうか。丹後のいくつかの巨大古墳とあわせて、その様相をうかがう参考になるでしょう。

千歳車塚古墳

◆日本最初の〝外国〟

　唐という字、どなたもがカラと読まれるでしょう。ではなぜカラと読むのでしょうか。唐《とう》という王朝（六一八～九〇七年）が中国にできるずっと前、日本が最初に接した「海外」がカラだったのです。『魏志』倭人伝《わじん》に狗邪韓国《くやかんこく》とあり、この狗邪は加羅とも記し、日本から言えば対馬のすぐ対岸、釜山《プサン》あたりにあった国です。そこをカラと呼びましたから、やがてこの言葉の概念が遠方にも広がっていき、外国一般を指す言葉となりました。

◆朝鮮半島の劇的変化

　任那《みまな》日本府、それなりの世代の方には懐かしい用語でしょう。古代の日本が朝鮮半島を植民地にし、そこに設置した明治の朝鮮総督府のような統治機関。それは完全に否定されていますが、この任那と呼ばれる朝鮮半島南端部と日本が、きわめて密接な関わりを持ったことは事実です。たとえば『魏志』倭人伝《わじん》がまず狗邪《くや》韓国《かんこく》（狗邪は加羅《から》・伽耶《かや》）から日本へ渡ったと行程を記しているのがそれで、大切な国際交流の窓口でした。

　任那《みまな》と呼ばれた加羅《から》は、日本が接した最初の外国です。対馬からほぼ五〇キロ、夜には釜山《プサン》のネオンが見えるそうです。戦前のことではありますが、対馬で急病人が出ると博多でなく釜山へ運んだともいいます。それくらい至近なのでして、当然のことですが一衣帯水《いちいたいすい》の関係は古代も近代も同じだったのです。「日本が接した最初の外国」といいましたが、国ばかりでなく民間でも頻繁な往来があったことを見逃してはなりません。

　加羅《から》は、東に新羅《しらぎ》、西に百済《くだら》と接していましたが、その両国の侵攻によって領土を減らし、最終的には五六二年に新羅に併合されて滅亡しました。十ほどの小国の連合体で、結局は統一国家を造らず、軍事的には弱体だったのです。この国の消滅は日本にとって重大なことでして、外交戦略の大きな変更を余儀なくされます。国論も分裂したようですが、依然として渡来の人と文化は途絶えなかったことにも注意を払うべきでしょう。

◆鴨稲荷山古墳の冠

鴨稲荷山《かもいなりやま》古墳（高島市）は、後円部を残すのみですがもとは全長五〇～六〇メートルの前方後円墳です。小さいのですがたくさんの副葬品が出土、沓《くつ》や装飾品、また銅鏡・太刀などがありました。

特に注目されるのは金銅製の冠で、朝鮮半島製でないかとされるほどその影響を濃く受け、被葬者と半島との強いつながりがうかがえます。築造は六世紀前半、日本生まれという武寧《ぶねい》王が百済《くだら》で即位し、近江を基盤とする継体天皇が即位した頃のことです。

継体天皇の父の彦主人王《ひこうしのおおきみ》は、この辺の出身です。越前に美しい女性がいるというので迎えて妻にし、生まれたのが継体です。父の死後に母にともなわれて越前に行きそこで育つのですが、この王の墓だという説があります。私はそこまで言う自信はないですが、ここと越前が密接な関係をもったことを物語る古墳であることは確かで、継体天皇が朝鮮半島との深い関わりのもとで擁立されたことを考えると、興味深いものがあります。

鴨稲荷山古墳出土の冠の複製品。朝鮮半島の影響を強く受け、被葬者と半島とのつながりがうかがえます（高島市・高島歴史民俗資料館）

●武寧王とその生誕地

武寧王は百済二十五代の王（在位五〇一～二三）。「島君」ともするが、韓国忠清南《チュンチョンナム》道《ド》公州《コンジュ》市の墓所から発見された墓誌に「斯麻王」とあるので、実名は斯麻《しま》。父については諸説がある。『日本書紀』によると百済の蓋鹵《がいろ》王が弟を日本に派遣したときに、すでに妊娠していた后妃の一人をこれに同行させるが、途中の「各羅島」で出産。百済に送り返されたのが武寧王という。この「各羅島」は佐賀県唐津市沖あいの加唐島《かからしま》といい、とするとこの百済の王は日本生まれということになる。六十二歳で没し、宋山里古墳群の王陵に埋葬された。王の木棺は日本産の高野槙で製作されており、その誕生とあわせて、日本と朝鮮半島との交流を考えるうえで興味深い。

◆筒城宮と弟国宮

京都の最初の都は、継体天皇の筒城宮《つつきのみや》（五一一～一八年）と弟国宮《おとくにのみや》（五一八～二六年）です。読みからすぐ分かりますが後世の綴喜郡《つづき》・乙訓郡《おとくに》の地で、遺跡は未発見ですが、京田辺市と長岡京市あたりに想定されています。

天皇はまず樟葉宮《くずはのみや》（枚方市）で即位、ついで筒城宮・弟国宮と移ります。政権中心地の大和に入れたのは、二十年もたってからでした。王権の不安定さが分かりますが、そうしたなかでの南山城への遷都だったのです。

継体天皇は、大和から遠い近江で生まれて越前（福井県）で育ち、当時の天皇としては異例のことでした。つまりは近江や日本海地域を勢力基盤としての即位だったわけで、アジアに広がるネットワークを持っていました。日本海・琵琶湖という水系を掌握していたことが、この天皇を即位させるパワーだったのです。この水系はさらに淀川・瀬戸内海へとつながりますし、淀川河岸の樟葉《くずは》宮《みや》で即位式をしたこともそれを象徴します。

継体天皇と通じていた河内馬飼荒籠《かわちのうまかいのあらこ》という人がいます。名前から分かるとおり河内（大阪府）で、馬の飼育を職能としていました。馬の飼育は渡来のものですのでこの一族も渡来人でしょうし、彼が即位の可否にかかわる、海外をも含めた諸種の重要な情報を天皇にもたらしたのです。

まさに継体天皇は日本海―琵琶湖―淀川―瀬戸内海とつながるネットワークを持っていたわけで、そのもとでの即位だったのです。

同志社大学の京田辺校地内にある。何度目かの移転によってここに立てられた＝著者提供

まんろう先生の深掘りコラム

井上満郎（いのうえ・みつお）

「宇宙有名《あめのしたになある》」といわれた近江
繁栄生んだ交通環境

近江を制するものは日本を制する。

誰が言い始めたのか知らないですが、おそらくは戦国時代のことを指してのことでしょう。上杉謙信・武田信玄、織田信長・豊臣秀吉、近江は、少なくとも東日本から京都を目指すとき、必ず通ります。ここを制圧しないことには、都である京都に入り、全国に号令する天下人にはなれないのです。

でも近江の重要性は、はるか古代からのものでした。それをよく物語るのが、奈良時代中ごろに書かれた高級貴族藤原武智麻呂《むちまろ》の伝記の『武智麻呂伝』です。

彼は奈良時代のごく初期に、近江守《おうみのかみ》として地方行政のトップに立つのですが、その事績をたたえるなかに見える表現が、「近江国は宇宙《あめのした》に名あるの地《ところ》なり。」です。むろんこの「宇宙」はユニバースやスペースといった天文学での意味ではなく、「天下」、「この世」、くらいでしょうか。

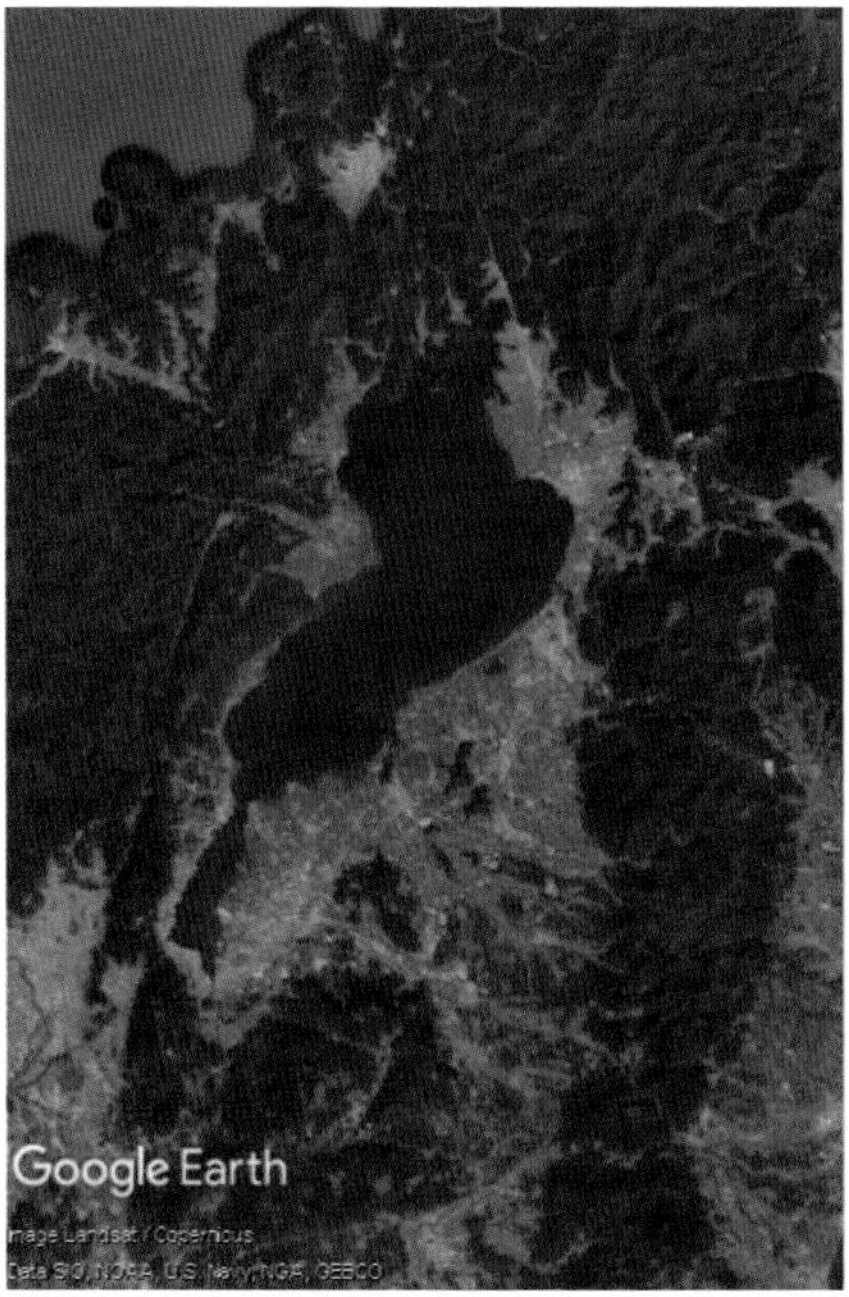

滋賀県は真ん中に琵琶湖、周りは山ですが、いくつもの峠道で外部とつながっています

ところでその近江、土地は広く、住民も多く、地域は豊かで、家々も暮らしにこと足りている、といいます。そしてその原因として指摘されているのが交通上の環境です。東に不破関《ふわのせき》を経て東日本に向かう道、北は北陸地方はむろんアジア大陸にまでつながる敦賀《つるが》の港、南はすぐに山背《やましろ》（山城）から奈良の都へ、と四通八達です。

要するに近江の繁栄はこうした交通環境なのだ、つまり外部の世界と豊かにつながっているからなのだというのです。

むろん近江内部に住む人々の勤勉や努力、そうしたものがあったことは疑いないですが、その繁栄は日本国内ばかりでなく、海外をも含んだ交流・交渉の賜物《たまもの》だったのです。

朝鮮半島から渡来して近江に住み着いた渡来人がそうですし、彼らのもたらし、発展させたさまざまな知識・技術などが地域の発展に大きく貢献したのです。もしこうした外部世界とつながる交通環境がととのっていなければ、近江滋賀の歴史と文化のありようは、また違ったものになっていたと思います。

「東西二陸《にりく》の喉《のど》」。『武智麻呂伝』はまたこのようにも述べます。東日本と西日本との咽喉、最も重要な通路なのでして、ということは人も文化も常に行き交うということです。地域社会にとって、これほどたいせつで有利な条件はありません。そしてそれを生かして、豊かな足跡を地域の、また日本のなかに築いていったのです。

◆近江毛野の半島派兵

近江氏は大和政権時代の近江の豪族の一つです。この一族の毛《け》野《な》は朝鮮半島への派兵に従事、『日本書紀』では六万の軍を率いたといい、当然船での移動ですから、一族の琵琶湖で鍛えた水運技術が役立ったのでしょう。帰途に対馬で客死、遺体は淀川から枚方を経て宇治川と、その葬列が近江に向かっています。近江氏一族には他にも朝鮮半島に出兵した人物がいますし、近江と外交・軍事とが密接な関係にあることが理解されるでしょう。

毛野の時代は、日本を取りまく国際環境は緊張の極にありました。彼の出兵もこうしたなかでの行動でして、あわせて国内にも筑紫磐井《いわい》の乱という未曽有の内乱が起こっていました。ほとんど九州一帯を巻き込む乱でしたが、その首謀者の磐井は新羅《しらぎ》という外国との連携を模索したのです。つまりは磐井・新羅連合vs大和政権、という構図だったわけで、日本の歴史が列島内だけで進んでいく時代ではもうなくなっていたのです。

軍事ということでは、近江にとって建部《たけるべ》氏も見逃せません。今も建部さんという名字は時おり見かけますが、もとは大和政権の部民《べみん》、つまり戦闘技能でもって政権に編成された軍事集団のことです。各地に配置されましたが近江にもあって、近江一宮《いちのみや》の建部《たけべ》大社は皆様もよくご存じだと思います。その集団を率いる豪族建部氏の守り神なのです。この神により集う古代近江人たちは、勇躍して国の平和のために行動したのでした。

◆インドから来た牛頭天王

牛頭天王《ごずてんのう》、ご存じない方のほうが多いかと思います。釈迦《しゃか》が説法した祇園精舎《しょうじゃ》の守り神で、元はインドの地元神です。憤怒相《ふんぬそう》で作像されるように、強い力を持って邪悪なものを退け、その力が疫病をも退散させると信じられて篤《あつ》い信仰を集めます。祇園信仰の成立で、外来のものですが、高句麗の伊利之《いりし》が新羅の牛頭山から素戔嗚尊を勧誘したともいう、神とも仏ともつかない神でした。僧侶がまず祀《まつ》り、そこを祇園感神院《かんじんいん》とも呼ぶように、どちらかというと仏教的な性格のほうが強い信仰でした。

●牛頭天王

釈迦が説法したインド祇園精舎《ぎおんしょうじゃ》の守護神とも、またチベット牛頭山《ごずさん》の守護神ともいい、複雑な神格を持つ神。日本では病いをもたらす疫《えき》神《じん》を統制する強力な力を持つ神として崇敬された。皇祖神である天照《あまてらす》大神《おおみかみ》を困らせるほどの力を発揮した素戔嗚尊《すさのおのみこと》と同体と信じられ、明治以後は素戔嗚を祭神とすることが多い。

現在も牛頭天王を神体として祭る神社はあって、京田辺市（京都府）の朱智《しゅち》神社もその一つである。主祭神は神功皇后の祖父と伝える迦爾米雷命《かにめいかづちのみこと》だが、合わせて素戔嗚命が祀られ、祇園祭も行われている。神像のなかに忿怒相の平安時代とおぼしき牛頭天王像があって、この神社は江戸時代には牛頭天王社と称し、周辺の地名も天王《てんのう》と呼ばれて、地元一帯の氏神として崇敬されていた。あたりには、仁徳天皇の皇后に宿を貸すほどの勢力を持っていた豪族の「韓人《からひと》」がいたという伝承のあることが興味深い。

八坂神社　四条通からは正面になるので正門と思われることが多いが、こちらは西門です。

◆八坂神社と八坂氏

祇園祭で有名な八坂神社。この名前は、明治の神仏分離で祇園感神院《かんじんいん》から仏教的要素が取り払われて以後に付けられたものです。それまでは仏教的性格が強く、たとえば本殿を見ますと千木《ちぎ》・堅《かつ》魚木《おぎ》を置かないことなど、外観が仏堂風でまるで神殿らしくないのはこうしたことによります。ただ八坂という地名そのものは古くからあったようで、もとはここに住む八坂氏という高句麗《こうくり》系の渡来人が祀《まつ》っていた神社から始まるようです。

◆新羅のスサノオ

八坂神社の現在の主祭神は、素戔嗚尊《すさのおのみこと》です。この神は天照大神《あまてらすおおみかみ》の弟で、たいへん乱暴、つまりは強力なエネルギーを持つ神として描かれます。結局は追放されますが、その追放先は新羅《しらぎ》でした。神話とはいえ日本の神の行先が、なぜ外国なのでしょうか。場所は曽尸茂梨《そしもり》で、ソシモリは古代朝鮮語で王都のことをいい、つまりは朝鮮神話と日本神話の深いつながり、日本神話が国際的背景で語られていることを示すものなのです。

素戔嗚尊《すさのおのみこと》と関わって、疫病除けの蘇民将来《そみんしょうらい》信仰のことも見逃せません。この神が宿を求めた時、裕福な弟は断りますが貧しい兄の蘇民将来は歓待、以後蘇民将来の子孫と名乗り、腰に茅の輪をつけたら疫病を免れる、と言いました。この神話は風土記に見え、また長岡京跡から蘇民将来と書いた護符も見つかっていて、奈良時代から知られていました。八坂神社の八角柱のお守りには、今も「蘇民将来之《の》子孫也《なり》」と書かれています。

まんろう先生の深掘りコラム

井上満郎（いのうえ・みつお）

山城《やまじろ》建設の背後の国家危機

唐・新羅の侵入を防備

普通は朝鮮式山城と呼ぶのですが、その名のごとく朝鮮半島伝来の築城技術によるもので、ある時期に集中して造られました。大野城《おおののき》（福岡県大野城市《おおのじょうし》）が憶礼福留《おくらいふくる》たちによって造られたように、実際に亡命百済《くだら》人の指導によって造られたことが分かる城もあります。現在のところ対馬の金田城《かなたのき》が最西端で、最東端は高安城《たかやすのき》ですが、ここまで二十数カ所ほどが知られています。それらの場所は、九州北部と瀬戸内一帯に集中しています。

この当時の日本の対外的な危機は、六六〇年に親しく交わっていた百済が、新羅《しらぎ》ばかりか唐をも加えた連合軍によって滅ぼされたことです。次に新羅・唐の日本への攻撃となると、その侵攻ラインは九州・瀬戸内海コースをとって難波《なにわ》津《つ》（大阪湾）へ、そこで上陸してから大和侵入への道でしょうし、ここに集中して山城が築かれるのは当然のことでした。

山城という名のようにこれらの城は、山の頂上近くを鉢巻き状に取り囲んで、石を積み上げて城壁を築きます。防御用ですから見かけはかなり高い山上に位置し、下を見下ろします。攻撃してくる軍勢を監視するためですが、当然城門や櫓《やぐら》なども設置されました。

大和から最も近いのは高安城ですが、存在は確かなのですがなお調査が及んでいませんので、正確な様子は不明です。

京都・滋賀から比較的近くにあって山城の姿をよくしのべるのは、屋島城《やしまのき》（香川県高松市）と鬼ノ城《きのじょう》（岡山県総社市）です。復元作業がかなり進められていて、城の様子がよく分かります。こんなに大きな石材を運びあげるのには、相当の苦労があったでしょう。

幸いなことに唐・新羅からの侵略はなく、膨大な労力をかけた城は結果としては無駄になったのですが、当時の政権を構成する豪族たちはむろん、国が一つになって国家の防衛にかけた努力がよく分かります。

もっとも、国家と国家の関係は最悪ともいえる時代でしたが、民と民の交わり、すなわち民際的な交流はそれとは別に途切れることはありませんでした。

朝鮮半島から、「亡命」に近い状態でしたが戦乱をさけて多くの人々が日本にやってきましたし、日本の政治・行政、また地域文化の向上などに貢献しました。この頃はのちの日本につながる国家の枠組み、いわゆる律令《りつりょう》国家が形成された重要な時代でもあり、彼ら渡来人の果たした役割がきわめて大きかったのです。

金田城跡。日露戦争の砲台も残り、歴史を超えて軍事的要衝であることがわかります（長崎県対馬市）

高安城跡。1978年に「高安城を探る会」が発見。その後橿原考古学研究所が発掘調査し、奈良時代前期の遺構と確認されました。天智天皇の時代の遺構は不明です（奈良県平群町）

◆出雲族と山陰文化

京都には出雲という地名があります。出雲は島根県のことで、ここからの移住者が集中して住んでいたから生じました。北区の出雲路《いずもじ》がよく知られますが、奈良時代にもう出雲郷という地名が見えます。また神社にも出雲井於《いのへ》神社・出雲高野神社があり、いずれも出雲路近辺にあたります。出雲は日本海に面してアジアの豊かな国際文化の流入地ですから、出雲族と呼ばれることもある出雲からの移住者がそれらを京都にもたらしました。

丹波国の一宮《いちのみや》は出雲大神宮です。境内には古墳がありますし、近くにかなり大きい前方後円墳の千歳車塚《ちとせくるまづか》古墳もあって、有力な古代豪族の居住が分かります。

祭神も大国主命《おおくにぬしのみこと》と三穂津姫命《みほつひめのみこと》と出雲系で、あたりには出雲からの移住者が集中して住んだのではないでしょうか。古くから山陰道が山陰地方と大和を結び、ここはその通過地でしたので、彼らを通じて亀岡市のここにも、国際文化の盛んな流入があったのだと思います。

◆淡路島と海人たち

アマといえば観光海女《あま》を思いつかれると思いますが、今でも伊勢・志摩などに現役の方がたくさんおられます。古代の海人《あま》は女性だけをいうわけでなく（なので私たちは文字では海女でなく海人・海民などとします）、広く海事にたずさわる人々を指します。集まって住むことも多く、『日本書紀』などには野島《のしま》海人・御原《みはら》海人などが見え、いずれも淡路島です。島を拠点に、瀬戸内海はむろん海外にまで縦横に活躍する姿が彷彿《ほうふつ》とします。

五色塚《ごしきづか》古墳（神戸市）は明石海峡をのぞむ丘陵の先端にあり、つまりは海峡を制圧した豪族の墓です。

この海峡は大和政権には当然、京都・滋賀も西日本や朝鮮半島・中国大陸と交流する時に必ず通りますし、政治・経済・軍事いずれにも関係する要地でした。政権がその基礎を固める四世紀末ころ、その配下に組み込まれた豪族の古墳です。眼前に明石海峡大橋がありますが、橋が架けられるほどに海峡が狭まった要衝だったのです。

日本の国土の誕生、その最初は淡路島でした。なぜそこに政権があり天皇がいる大日本豊秋津洲《おおやまととよあきづしま》、つまり本州ではないのでしょうか。それは、おおもとが淡路島に伝わる海人たちの神話だったからで、それを活用したものですから当然その最初は彼らの島の淡路島になるわけです。神話がヤマトの朝廷に取り入れられるほど淡路の海人たちは宮廷と近い距離にいたのでして、早くにそのもとに組み込まれたことがよく分かります。

まんろう先生の深掘りコラム

井上満郎（いのうえ・みつお）

継体天皇は近江豪族の出身か

后妃の実家と提携関係

この天皇は皇族ではなく、豪族の出身だという説があります。今でも私たちは、天皇がずっと同じ家系で継承され続けていると思っていますが、王がことあれば交代するのは世界によくあることですし、お隣の中国や朝鮮半島でもそうです。

『古事記』や『日本書紀』の時代、天皇は日本で最も重要な存在でした。ところがその重要なはずの継体天皇は、『古事記』では近江、『日本書紀』では越前（福井県）と、その出身地が定まらないのです。当時の政権はむろん奈良が拠点でしたし、にもかかわらず天皇の出身地が不明なばかりか、どちらであったとしても政権拠点の奈良から遠く離れた地から迎えられたことになるのです。

しかもこの天皇は、応神天皇の五代目の子孫だというのですが、その間の家系がはっきりせず、天皇の子孫ということそのものが疑わしいのです。つまり強引に五代も離れた天皇に血縁をつないで、皇族だと偽った可能性もあるというのです。

さらにその誕生と成長にも不審なところがあります。父の彦主人王《ひこうしのおおきみ》は近江の高島（高島市）に住んでいて、そこから越前の女性振媛《ふるひめ》を妻に迎えて継体天皇が生まれますが、やがて父が亡くなり、母は子の継体を連れて実家の越前に戻ります。その越前で継体は成人し、天皇に擁立されるのです。政権の中心地で、そこに天皇が代々いる大和ではなく、そこからかなり離れた地方の出身ということになります。

継体天皇には九人の后妃《こうひ》がいました。皇后は皇族ですが、他の八人の女性に大きな特徴があるのです。

語弊があるかもしれないですが、当時の天皇はいわば政略結婚、つまりはその女性の実家の豪族と提携関係を結ぶためでした。その八人のうち四人が近江に関係する女性なのでして、父親の名前に湖北の「息長《おきなが》」「坂田」、湖西の「三尾」などの地名が含まれています。他の四人はいずれも政権中心地近くの豪族出身でした。

つまり継体天皇は近江の豪族を背後勢力として即位したのでして、これだけで豪族、それも息長氏の出身だとは決められないですが、少なくとも近江が重要な勢力圏であったことは否定しようがありません。

これに加えて越前での成長です。環日本海文化圏の一角にあってここは、日本海岸で最も海外との接触の多い、まさに表日本の地です。当然種々の海外情報も流れ込んでいたはずです。そうしたアジアにつながる環境のもとでの即位だったわけで、だからこそその国際的環境のなかでこの時代、日本の国の仕組みは急速に整えられていったのです。

継体天皇の父彦主人王の墓と伝えられる宮内庁の陵墓参考地で、田中王塚古墳といいます（高島市安曇川町）

◆兵主神社の武神

成り立ちのよく分からない神社ですが野洲市にあり、普通は兵《ひょう》主《ず》大社と呼びます。武神らしく、渡来の神のようです。合併前の中主という町の名は中里《なかさと》村と兵主村からの合成地名で、村名の起源になるほど大きな崇敬を受けています。この神社は山陰、特に但馬には多く、ここは渡来人が濃密に居住しました。そこで近江の兵主神社も渡来人の創立とする説が出るわけで、近江の渡来人を考えるうえで見落とせない神社です。

●兵主神社

兵主という文字からも知れるように、武神を祀る神社であろう。漢籍に見える神で、延喜式には十九社が見られる。ただその分布には著しい特徴があって、三河に一社あるものの他はすべて西日本で、かつ但馬に七社が集中している。但馬は渡来伝承の人物であるアメノヒボコが最後に出石神社祭神として鎮まる地だし、そこから渡来人によって、中国から朝鮮半島を経て、日本にもたらされた神であり信仰ではないかと考えられている。日本人の手によって祀られた神だけが神ではないこと、つまりは日本の信仰の多様性を示す一例なのだ。

◆安羅神社は安羅国か

安羅神社は草津市にあり、「やすら」と読ませています。場所が穴村《あなむら》でして、これは天日槍《あめのひぼこ》がしばらく住んだという「吾名邑《あなのむら》」にあたります。これを「あら」と読めば古代任那《みまな》の小王国の安羅《アラ》で、釜山《プサン》近くの今の咸安《ハマン》です。このあたりからたくさんの渡来人がやってきましたから、それらの人々が祀《まつ》った神社と確かに考えられます。日本医術の祖神と伝えていることも、医薬の知識・技術が外来のものであるのと考え合わせて興味を引きます。

◆狛坂磨崖仏と狛坂寺跡

狛坂磨崖仏《こまさかまがいぶつ》（栗東市）は一度だけ行ったことがありますが、不便な山中でした。像名も制作年代も不明ですが、韓国慶州《キョンジュ》の南山《ナムサン》の石仏に確かによく似ています。そこで新羅《しらぎ》系の渡来人の作だという説があるのですが、とすると狛坂と呼ばれまた狛坂寺跡があること、つまり高句《こうく》麗《り》とかかわり深い場所なことが気になります。見た感じだけですが私は、渡来人の影響を認めてもいいとは思っていますが、制作者のルーツについてはまだ謎です。

狛坂磨崖仏

◆外宮の起源伝承

伊勢神宮（正しくは「神宮」）が内宮《ないくう》と外宮《げくう》からなることはご存知かと思います。内宮の由来は『古事記』・『日本書紀』などにも登場してかなり明らかなのですが、外宮についてはよく分からないようです。ただ史料によると「丹波」（丹後も含む）から迎えたといい、籠《この》神社（宮津市）は元伊勢《もといせ》と称しています。不明な点も多いのですが、丹後が伊勢外宮の起源と認識されるような勢力を持っていたことだけは確かだといえましょう。

大化改新のことども

◆園韓神の神社

平安京の宮内に祀《まつ》られていた神社です。史上への登場はあまりないのですが、「園神《そのかみ》社・韓神《からのかみ》社」としてペアで皇室や宮廷のことをつかさどる宮内省《くないしょう》に祀られており、平安京以前からあった地元神のようです。

特に韓神社は名のように、渡来人の祀る神だったようでして、渡来の神が排除されることなく引き続いてたいせつに祀られていたのです。神楽歌《かぐらうた》に「韓招《からお》ぎせむや韓招ぎせむや」とこの神を招く歌詞があるように、在来・土着のこの神に宮中の安穏が祈願されています。両神ともにたしかに登場は少ないですが、霊験あらたかな神として崇敬を受けていました。

◆「韓子」の誕生

「韓子《からこ》」は日本人と朝鮮半島人との婚姻で生まれた子供を示し、『日本書紀』に見えます。用語が成立していますから、普通にこの現象があったということになります。想像以上に国際的な人的交流が頻繁だったのです。今の熊本県の豪族と百済《くだら》女性との子供で、百済で重く用いられた日羅《にちら》のように実名の分かるものもありますが多くは庶民です。朝鮮半島女性との間には盛んに子供が生まれて、その帰属の扱いに困ったという記載すらあります。

◆大化改新と京都・滋賀

大化改新《たいかのかいしん》は古代最大の政変で、山背《やましろ》（のち山城）とか近江とかの今も日本にとってなじみ深い地名を作り出す原因となりました。全国的な行政単位ができたのでして、そしてこの政変からほぼ半世紀をかけて、律令《りつりょう》国家という中央集権的な国の仕組みが形成されます。これが後世の日本の国の原点になるのですが、この国家システムは明白に中国を模範とし、それを日本の実情にあわせて日本化してわがものとしたのです。

大化改新《たいかのかいしん》をいま少しみましょう。この出来事は二段階に分かれます。一つめは六四五年六月のクーデターです。綿密な計画のもとに実行され、中大兄《なかのおおえ》皇子らは蘇我氏の打倒をはかりました。改革派が武力を用いて政権を奪取するのですが、よほど蘇我氏に反感を持つ勢力が多かったのでしょうか、見事なほどの成功をおさめます。ですがこのようなクーデター事件は古代には相当数あって、特に珍しいものではありません。

この出来事の中心は、実はその翌年の一月に出された大化改新《たいかのかいしん》の詔《みことのり》です。新政治の基本方針が打ち出され、これが律令《りつりょう》国家の基礎となりました。激動する東アジア情勢に機敏かつ的確に対応することが最大の国家課題だった当時、急いで国の骨格を固める必要がありました。この時に出された詔の内容や、また本当にこの年に出されたのかなどにはなお疑問も提されていますが、そうした議論はあるにせよ日本最初の法典の近江令・飛鳥浄御原令《きよみはらりょう》の制定、また大津京への遷都などは、こうした脈絡のなかで理解しなければならないのです。

まんろう先生の深掘りコラム

井上満郎（いのうえ・みつお）

天智天皇の大津京遷都

高句麗との提携図る

日本が古代において、対外的に最も危機的状況にあったのは、七世紀の後半です。実際唐による日本侵略計画も立てられていたようでして、当時の日本の政権の危機感はたいへんなものでした。

その危機が目前に迫ったのは、六六〇年代です。この年に百済《くだら》が滅亡します。対馬のほとんど対岸にあった国ですし、日本との関係も極めて親密でした。

この出来事はこの時だけに終わらず、遺臣たちの国家回復運動がもたれ、日本はこれに全面的に軍事援助、武器などはむろん、三万人近い軍勢も派兵します。そして韓国西岸、錦《クム》江《ガン》の河口での白村江《はくすきのえ》の戦いとなるのですが、この衝突で川の水は赤く染まったというほどの激戦でした。

これに敗北して最終的に百済は歴史の舞台から姿を消すのですが、これだけの多大な援助をしますので、唐・新羅《しらぎ》の攻撃の矛先が、今度は日本に向かうことが当然予想されます。

その対策の一つが首都の移転でした。長年親しんだ奈良盆地南部の飛鳥（奈良県明日香村）の地をはるかに離れ、のちには畿外《きがい》、つまり首都圏の外側とも位置づけられることになる近江に、大津京を営むのです。

この遷都は六六七年三月です。私はこの「時点」が、すごく大切だと思っています。

というのは、白村江の敗戦で、ともかくも命脈を保っていた百済が完全に消滅し、いよいよ日本侵攻が現実のものになりそうな時期だったのです。首都移転にはかなりの時間がかかりますし、白村江敗戦直後からその準備が進められていたと考えていいのではないでしょうか。

この大津京遷都についてはまだじゅうぶんな解明がされていないのですが、私はこれを、唐・新羅の侵攻ラインであるだろう瀬戸内海コースから遠ざかるため、つまり後ろに逃げるということではなくて、高句麗《こうくり》との提携を目指した、積極的で前向きなものと考えています。

最終滅亡の時の百済の王は日本滞在歴のある豊璋《ほうしょう》ですが、この滅亡とともに高句麗に身を寄せました。大津京遷都の時点ではむろん高句麗は国家として存在しており、琵琶湖を北に越えればすぐにその高句麗に航路でつながる敦賀ですし、飛鳥の都よりはずっと近くなるわけです。

たしかに遷都一年半後に高句麗は滅亡するのですが、近江の地を選択したのはけっして「逃げ」のためでなく、こうした「攻め」、つまり東アジア世界の国際的環境のなかで、積極的に日本の安全をはかるためでした。近江が、日本の中心地ばかりか、日本外交の最前線に立った時代だったのです。

史跡近江大津宮錦織遺跡の史跡公園。発掘調査で確定され、考古学という学問の力を認識させる見事な発見でもありました（大津市錦織２丁目）

天智天皇山科陵。宮内庁の治定通り天智天皇が被葬者であることがほぼ確実とされる非常に珍しい陵墓。大津京に近い京都市山科区にあります

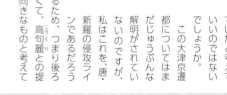

◆息長氏と山津照神社

山津照《やまつてる》神社は米原市にあり、創建はきわめて古く、時代は不明です。境内には約五十メートルの六世紀前半の古墳があり、神功《じんぐう》皇后《こうごう》の父の息長宿禰《おきながすくね》王の墓と言い伝えられています。あたりにはいくつもの古墳が点在し、そこは息長氏の勢力圏で、この地元豪族の墓所であることは疑いないと思われます。古墳と神社の前後関係は不明ですが、おそらく古墳が先にあり、その祖先ないし一族の祭祀《さいし》のための神社創建ではなかったでしょうか。

息長《おきなが》氏のオキナガ、何か意味がある言葉だと思いますが、名義は不詳です。

ただその力は大和政権の時代にたいへん大きく、真人《まひと》という最も高い家格の姓《かばね》をもらうほど重要な氏族でした。伝承上とはいえ神功皇后の父は息長宿禰《おきながすくね》王、自身も息長帯比売《たらしひめ》です。舒明《じょめい》天皇（在位六二九〜四一年）の贈り名は息長足日広額《たらしひひろぬか》で祖母は息長真手《まて》王の娘ですが、この頃から息長をおびる皇族が他にも多く史上に見え、一族は皇室との関係を深めていきました。

息長《おきなが》氏は湖東・湖北の古代名族ですが、最大の問題は継体天皇がこの一族の出身かも知れないことです。確かな答えはまだですが、たとえそうでないとしてもこの天皇が近江と越前を背景に即位したことは疑いないですし、即位が河内で、そこから瀬戸内水運とはすぐにつながります。日本海―琵琶湖―淀川―瀬戸内海という日本列島を横断する、当時の日本の国際交流ラインと密接に関わったものであったことが注意されます。

◆近江のミヤコ

滋賀にも古代首都がありました。大津京はどなたもご存じでしょうが、高穴穂宮《たかあなほのみや》・紫香楽宮《しがらきのみや》・保良京《ほらきょう》の合計四カ所です。高穴穂宮は伝説的な性格が強いですが、あとの三つは確実に存在しました。首都機能を果たすためにはさまざまな環境がいりますが、特に交通です。当時の国家財源の税は物品で納めますから、膨大な量のそれが全国から運送される必要があるのでして、近江がいかに先進的な地域環境にあったかが理解されます。

知っ得コラム

近江の宮都

意外と知られていないが近江（滋賀県）には、右にも触れているように四カ所もの宮都が営まれた。最初の高穴穂宮だが、これは『古事記』には成務天皇の宮とされるが『日本書紀』では景行天皇となっていて、今も穴太《あのう》の地名を残すように大津市に想定されるものの、史実性は低いと言わざるをえない。ただそれでも、近江が宮都を営んでも不思議ではない地と考えられていたことには注意を払わねばならないだろう。

次が大津京だが、さらに奈良時代にはまず紫香楽宮（滋賀県甲賀《こうか》市信楽《しがらき》町）である。この宮都は、「彷徨五年」と呼ばれることもある聖武天皇の時代に営まれ、その性格はなお確定されていないが、この時代に国分寺建立の詔が出され、また大仏建立が開始されるなど、奈良時代文化を考えるうえで重要な時代に「新京」と宣言された。結局大仏建設は中止されて、奈良の平城京で最終的には完成するのだが、大仏が中国唐の先例を襲うという国際性を持つことと合わせて紫香楽宮のことも考えてみなければならない。

保良京は淳仁天皇が七六一年に遷都して都となったが、「北京」と称された。これは平城京を主たる宮都とし、これに対して「北」にあたるのでこう称した。大津市だろうと想定されるものの確定はできず、なお謎の都である。

◆大津京と渡来人の里

六六七年、大津京が営まれます。飛鳥から遠いここへの遷都は、東アジア世界の激動が深く関係しています。数年前には百済《くだら》が唐・新羅《しらぎ》の攻撃によって滅亡し、日本にもその激動が及ぶ危険がありました。そこで大和から遠い近江へ遷都、という説です。いまひとつは高句麗《こうくり》との提携によって事態改善を目指した、というもので、私はこの説を支持しています。いずれにしても当時の国際情勢と深く関わっての遷都だったのです。

渡来人の「棲《す》み分け」という考古学者・水野正好さんの考えがあります。この場合でいえば百済系ですが、大津京のあたりにはその一族が集まって住んでいました。彼らは確かに都の建設のノウハウを保持していたことが諸種の史料で分かりますし、その参加は大きな助けになります。また技術面ばかりでなく、新来の渡来人のもたらす国際情報も重要で、そうしたいくつかの要素が重なって大津京への遷都は実現しました。

天智天皇が皇太子となって政治の実権を手中にしてから在位期間を入れて二十七年、この間七回の遣唐使が派遣されました。全二〇〇年間ほどで合計十六回ですからほぼ半分にもおよぶわけで、いかにこの時の頻度が高いかを理解できるでしょう。隣国の百《くだ》済《ら》・高句麗《こうくり》の滅亡という特別の事情があるとはいえ、天智天皇の国際意識の深さ、もっといえば日本の国家としての維持にとって国際情報がきわめて重要な意味を持っていたのです。

●大津京

六六七年三月から六七二年冬までの日本の宮都。遷都の年には高安《たかやすの》城《き》（奈良県・大阪府）・屋島城《やしまのき》（香川県）・金田城《かなたのき》（長崎県）などの山城を築城するなど、重要な国家政策が次々に打ち出された。なかでも六七〇年二月の庚午年籍《こうごねんじゃく》の作成は重要で、以後の戸籍の基準となり、通常の戸籍は三〇年で廃棄処分であったが、これは永久保存とされた。わずか五年の都だったが、天智天皇による革新的な政治運営が行なわれ、後世の日本の出発点となった。

五年間と大津京は短命だったが、まず検討すべきははたして〝短命〟といえるのかどうかである。古代に営まれた都は記録にあらわれているもので六〇カ所ほどだが、神話的な時代も含めて継続期間には長短があって、五年は必ずしも短いとはいえない。長期にわたるのは飛鳥地域（奈良県明日香村）だが、個々をみれば飛鳥内の各地にそれぞれに短期で営まれた。大津京後の時代でも六七二年に飛鳥にもどった宮都は、六九四年に藤原京に遷都しているので継続は二十二年間、その藤原京は七一〇年に平城京に移転するまで一六年間である。平城京は長いようにみえるが途中に五年間の宮都でなかった時代があって、この五年には恭仁京・難波京・紫香楽宮のごく短命な都もあった。

またもし短命であったとしても、その重要性とは必ずしも一致しない。そういうことではこの大津京は、若干の学問的課題は残るのだが後世長い時代にわたる日本の社会システムに影響を与えた近江令《おうみりょう》が編さんされているし、まさに以後の日本の原点となったのである。

◆天智天皇と渡来人

天智天皇は百済《くだら》からの亡命渡来人をブレーンに組織しますが、彼らを通じて諸種の海外情報を得ようとします。朝鮮半島では百済、ついで高句麗《こうくり》が滅亡、日本にも当然その混乱の及ぶことが予想され、六六七年に飛鳥を去って大津に遷都しました。この段階では日本海対岸の高句麗はまだ存在していて、そこへ交通的に近い大津への遷都は、既に述べたようにこの国との提携によって国際危機の乗り切りをはかったものだと私は考えています。

亡命百済《くだら》人の政権への大量登用には、批判もありました。童謡《わざうた》、風刺や予兆を表す古代歌謡の一形式ですが、渡来人登用のときにそれが作られています。あからさまな文言ではないものの六七一年の五十数人の大量叙位《じょい》が批判されていて、差別とまではいかないですがこの時に童謡がつくられたことは、少なくとも政権に批判的な見方があったことを示します。

ただ民間レベルではこうした差別的動きはまったく見られないのですが。

天智天皇の時代の百済《くだら》・高句麗《こうくり》滅亡という国際的激動は、当時の日本にも大きな影響をもたらします。国の仕組みが急速に整えられていくことになるのでして、隣国がまさに目の前で滅亡するという事実は、自分の国もそうなるかもしれないという恐怖を感じさせ、それが国家システムの整備につながるのです。いわゆる律令国家《りつりょうこっか》の成立でして、しっかりと中央集権的に統一された国家建設を行う動きが強まっていきます。

◆大友皇子のブレーン

天智天皇の子大友皇子《おおとものおうじ》は即位していたと私は考えていますが、ブレーンに多くの渡来人がいました。政権トップにいたのは六七一年一月からの一年半ですが、六六〇年に百済《くだら》、六六八年に高句麗《こうくり》が滅亡し、日本がそうならないためにはこの国際情勢にどう機敏に、また的確に対応するかの知恵が必要でした。彼ら渡来人の豊富な情報や知識がどうしても必要だったのです。大友皇子の政権は果敢にこの課題に取り組みました。

朝鮮式山城と呼ぶ、小高い山のうえに石垣をめぐらした城郭があります。名の通り朝鮮半島の築城技術によるもので、私は百《くだ》済《ら》・新羅《しらぎ》・高句麗《こうくり》いずれの山城も踏査しましたが、日本国内に二十カ所ほど建設されたことが分かっています。日本は幸いに外国の侵攻にさらされず役立つことはなかったのですが、海外への最先端のそれは対馬の金田城《かなたのき》で、ここに行けば当時の日本がいかに真剣に国家防衛にあたったかをよく理解できます。

●大友皇子

天智天皇の皇子で、母は伊賀の豪族出身。天皇の後継者は大海人《おおしあま》皇子だったが、天皇は我が子の大友に政権運営を委譲。ために朝廷は大友派と大海人派に二分され、壬申の乱の原因となった。『日本書紀』では大海人が出家して皇太子の地位を離れた六七一年十月から皇太子はなく、また皇位もこの年十二月の天智崩御から六七三年二月の天武即位までを空位としている。しかし大友皇子が「百揆《ひゃっき》」をとり、「万機《ばんき》」にあたったなどとあり、これは天皇の国務執行をいう言葉だから、即位の式をあげたかは不明なものの、大友が即位していたと考えるほうが適切かと思われる。

◆三尾城の戦い

三尾城《みおのき》は、六七二年の壬申《じんしん》の乱の時の城でした。この戦乱は大和・河内にも展開しますが、主戦場になったのは当然当時の首都大津京のあった近江です。三尾城は高島市南部と思われ、具体的な場所は不明ですが、狭い湖西のここが戦場になったのには理由があります。大津京から北へ出て日本海へ、さらにはアジアにまで近江政権は脱出でき、したがって大海人《おおあま》皇子側はどうしてもここを制圧する必要があったのです。

壬申の乱は、政権を二分した大内乱でした。原因については種々の説がありますが、私は国際関係の緊張にそれを求めます。隋《ずい》から唐へ中国王朝の交代、百済《くだら》・高句麗《こうくり》の滅亡と新羅《しらぎ》の半島統一、新羅・唐と日本の白村江《はくすきのえ》の戦争、こうした国際的緊張への対応で政権内対立が生じたのです。ただこの緊張が国内体制整備の動きを加速させたことも確かで、乱の勝敗とは別に、日本国家の原点である律令《りつりょう》体制はこうした背景で成立しました。

●三尾城

滋賀県高島市にあった古代城郭。実態は不明だが、壬申の乱における湖西戦線の一つで、大津京の北の守りとして大海人皇子軍に攻撃されて落城した。継体天皇父の彦主人《ひこうし》王の居住地として「三尾の別業《なりどころ》」も見えていて、畿内から近江を経て若狭方面の日本海岸に通じる要衝であった。

◆地名錦織と錦部氏

大津市に錦織《にしこおり》という地名があります。文字からも分かるように、錦という高度な技術を要する織物生産に従事した人々が居住したところから付いたものです。そしてこの技術は渡来人が伝えました。絹は弥生時代からありますが、その頃の絹織物が主に九州から発見されることからも分かるように、渡来の技術でした。のち渡来人たちが絹織りをにない、各地に居住します。大津市のここも、錦部《にしごり》氏と呼ばれる渡来人の居住地でした。

ここには大津京が営まれました。その発見には考古学者の林博通さんの果たされた役割が大きいのですが、私はそこが錦織《にしこおり》という地名なことを注目します。天智天皇が渡来人をいろんな方面に広く登用したことはよく知られますが、都もその渡来人の居住地に営んだのです。錦織に限らず辺りには多くの渡来人がいましたから、彼らの持つ知識や技術を積極的に活用し、首都建設に限らずさまざまな政務の執行にあたったのです。

◆瀬田の唐橋

瀬田川にかかる橋は、唐橋と呼ばれて親しまれています。橋はすでに壬申《じんしん》の乱で見えますが、唐橋はあくまで通称で、公的には「勢多《せた》」橋（たとえば『延喜式《えんぎしき》』）などと書かれました。京都の唐橋もそうですが、こちらのカラもつまりは異国風だったというだけで、中国風なのか韓国・朝鮮風なのかは不明です。ただ華麗なデザインだったことは確かですし、古代には今より少し下流でしたが、橋を渡る通行人の目を引いたことでしょう。

まんろう先生の深掘りコラム

井上満郎（いのうえ・みつお）

壬申の乱と近江の戦場

外交方針めぐり対立

近江を戦場とする最大の戦乱は、壬申の乱です。原因は諸説ありますが、ともかく大海人《おおあまの》皇子たちの政権奪取運動ですから、当時の政権の所在地だった大津京をめぐる戦いとなり、滋賀県がその舞台となりました。

乱は天武天皇元年六月二十四日、現在の西暦に換算すると六七二年七月下旬、最も暑いころに始まっています。

これ以前、かなりの政治的な対立が生じていたようで、不安を感じた皇子は大津の朝廷を去り、吉野（奈良県）に引退しました。出家しますから俗世間を捨てる、まして政治にはいっさい関わらないことを宣言したことになります。吉野は奈良盆地の最南部の山間地ですので、大津京からは完全に離れたことになり、ことはそれで終わるはずでした。しかしその半年後に大海人は挙兵するのです。

挙兵の時の皇子の勢力は、女性を入れても三十数人。まさに蟷螂《とうろう》の斧《おの》で、現政権を打倒するなど考えられもしないものでした。

乱が大海人皇子の勝利に終わるのは一カ月後の七月二十三日で、近江政権の中心であった大《おお》友《とも》皇子が自死します。この戦乱は、たしかに主戦場は近江でしたが、他にも大和戦線・河内戦線がありました。大和も河内も大津京に移るまでの政権の中心部ですから、当然のことながら攻防の対象になったわけです。

最終決戦は勢多《せた》橋です。吉野から伊賀・伊勢・美濃と前線を移動させた大海人は、不破《ふわ》（岐阜県関ケ原町）に拠点を定めました。ここで指揮を執るのですが、近江への進軍が七月二日、近江朝廷軍の熾烈《しれつ》な抵抗をしのいで二十二日には勢多橋に迫ります。ここを渡ればもう首都の大津京ですから、最大の激戦になり、これで勝利をおさめて大海人は天武天皇として即位、新政権の樹立に成功しました。

この乱の原因は諸説あるといいました。確かにそうなのですが、私は当時の国際的環境を要因と考えています。それがすべてとはいえないですし、確かに争った両勢力は日本の豪族ですし、戦場もすべて国内です。

しかし百済が、ついで高句麗が滅ぶという東アジア世界の激動の真っただ中に日本もいたわけでして、これにどう対応するかがこの時期の最も重要な課題でした。外交方針をめぐって深刻な政治対立が生じるのは当然でして、それがこじれて武力衝突になったのではないでしょうか。その対立内容を特定することはできないですが、私はこの国際的環境のありように乱の主な原因を求められるように思っています。

瀬田の唐橋。かつての勢多橋はやや下流にありました。壬申の乱の最後の戦場で、ここで敗退して大津京政権は滅びます

激戦地となった三尾城の場所は不明ですが、山が琵琶湖岸にせり出した高島市打下周辺も候補地の一つです。大海人軍は湖北経由で迫りました

◆蒲生野の遊猟

六六八年五月五日、湖東の蒲生野で遊猟が行われました。天智天皇をはじめ、大海人《おおあま》皇子や皇族・貴族たちがことごとく参加したという大がかりなものでした。すでに年中行事になっていましたが薬猟《くすりがり》でして、薬草や、薬剤になる鹿の角を狩るのです。のち長く日本の行事として行われ続けますが、中国起源の文化です。ちなみによく知られた額田王《ぬかたのおおきみ》の「あかねさす紫野行き標野《しめの》行き野守《のもり》は見ずや君が袖振る」は、この時の歌です。

確かに年中行事なのですがこの蒲生野薬猟で私が気になるのは、この一年半後の六七〇年二月に天智天皇が同じ蒲生郡の「匱迮《ひさ》野《の》」（滋賀県日野町）に「宮地」を視察したことです。薬猟の頃から明白に大津京からの遷都が計画線上にあがっていたということでして、残念ながら天皇は翌年には病臥《びょうが》、そして崩御となりますので実現は見なかったですが、もし天智天皇政権がこのまま続いていれば湖東のここに首都が建設されていたことになります。

◆恭仁宮造営と秦氏

恭仁《くに》京は木津川市にあり、七四〇年から四年ほど日本の首都でした。ここにも渡来人が関係していて、秦島麻呂《はだのしままろ》が首都建設に莫《ばく》大《だい》な経済貢献をします。いっきに従四位下《じゅしいげ》に十四階級も昇進したのです。建設にあたる造宮省《ぞうぐうしょう》の役人であったとはいえ極めて異例で、いかに私的な貢献が多かったかを物語ります。急な遷都だったので財源の準備が国にできていなかったのでしょう。今まで一種の尊称にすぎなかったのですが、名字の「太秦《うずまさ》」は実はこの時に島麻呂がはじめて名乗ったものです。

恭仁京大極殿の跡＝著者提供

◆紫香楽宮と大仏造立

紫香楽宮《しがらきのみや》は近江に営まれた四つの都のうちの一つです。甲賀市にありましたが、長く記憶のかなたに忘れられていました。それが発掘調査によってよみがえり、その存在が確定されました。明らかでないこともまだまだ多いのですが、七四二年から断続的に離宮として使用され、七四五年一月に首都と宣言されています。ただ半年後には平城京へ戻っていますのでごく短期ではありましたが、れっきとした日本の正規の首都でした。

紫香楽宮《しがらきのみや》で忘れられないのは、大仏のことです。大仏といえば誰しもが奈良のそれを思い浮かべますが、実はその建設はここで始められたのです。

建立についての聖武天皇の詔《みことのり》もここで出され、仏教の聖地を造ろうとしました。

またあまり注意されませんが、大仏制作の実務を担ったのは国《くに》中公麻呂《なかのきみまろ》でして、祖父は百済からの渡来人国骨富《こくこつぶ》です。公麻呂のすぐれた大仏鋳造技術は、あるいは渡来の伝統だったのかも知れません。

今は奈良でなじみの深い大仏ですが、建立の背後には国際的背景がありました。日本のオリジナルでなく中国にモデルがあったのです。史料の明記はないのですが石仏で有名な竜門《りゅうもん》（河南省洛《ルオ》陽《ヤン》市）の奉先寺《ほうせんじ》がそうらしく、ここには六七五年に完成した十七メートルに及ぶ盧舎那仏《るしゃなぶつ》の大仏があります。奈良での開眼供養はインド僧の菩提僊那《ぼだいせんな》が導師となり、唐僧やベトナム僧も臨席して、こちらもたいへん国際色の豊かな儀式でした。

国中公麻呂

？—七七四。渡来人の子孫で、七四五年頃から大仏造営に参画。「造仏長官《ぞうぶつちょうかん》」とあるから東大寺大仏造営の最高責任者であった。他にいくつかの寺院の造営にも関与し、最終的には貴族なみの従四位下《じゅしいげ》にまで昇進した。

紫香楽宮

滋賀県甲賀市にある古代宮都の一つ。七四五年正月一日に「新京」となって聖武天皇が遷った。ただ五月には天皇は恭仁京に還り、紫香楽宮は空しくなってしまったという記事があるので、都であったのはこの間のほぼ半年ほど。発掘調査によって中心部は甲賀市信楽町宮町《しがらきちょうみやまち》であることが確定されている。

信楽《しがらき》高原と呼ばれることもあるくらい都市部から離れた山間地で、そのために地下の遺構の残存も良好で、滋賀県や甲賀市によって発掘調査が進められている。

◆宇治橋の道昭架橋

今もそこにある宇治橋。この橋が架けられたのは六四六年と分かっています。宇治橋断碑《だんぴ》という石碑が残っていて、そこに明記があるのです。ただここには架橋したのは道登《どうとう》とあって、正史の『続日本紀《しょくにほんぎ》』の道昭《どうしょう》と異なり、どちらとは決めがたいのですが、道昭だとすると彼は船《ふね》氏という渡来系氏族出身で、他にも架橋や井戸掘削などの社会事業にあたったといい、渡来人の技術が彼に伝承されていた可能性もあり、興味深いです。

宇治橋断碑　三つに断裂したものをつないだのでこう呼ぶ。

◆行基の救済事業

行基《ぎょうき》は仏教の救済から取り残されていた民衆を対象に活躍した僧として有名ですが、彼は和泉《いずみ》（大阪府南部）に居住した古志《こし》氏という渡来系氏族の出身です。民衆の救済にほとんど一生をささげ、架橋や救済施設の建設などに取り組みます。京都では木津川の泉大橋《いずみおおはし》とそのたもとの泉橋院《せんきょういん》、淀川の山崎橋《やまざきばし》とたもとの山崎院などがそれで、行基のこうした事業の背景には、渡来人に特徴的な技術伝統があったのかも知れません。

◆良弁上人と石山寺

良弁上人《ろうべんしょうにん》は、異説もありますが近江の渡来系氏族の出身で、そのためかは不明ですが新羅《しらぎ》僧に師事して華厳《けごん》の教えを学びます。そしてのち大和の国分寺つまり東大寺となる金鐘寺《こんしゅじ》に入り、高僧として多くの学僧の指導にあたりました。聖武天皇の看病禅師《かんびょうぜんじ》をつとめるなどかなりの政治力を備えた僧だったようですが、東大寺別当にまで登りつめたもののやがてこれを辞し、故郷近江の石山寺の造営に力を注ぎました。

◆田村神社と坂上田村麻呂

甲賀市の、東海道沿いに神社はあります。名から分かるように主祭神が坂上《さかのうえの》田村麻呂《たむらまろ》で、近くの鈴鹿峠《すずかとうげ》の山賊を退治したことにちなみ厄除《やくよ》け神として信仰されています。彼は漢《あや》氏の支族、つまり渡来系氏族の出身です。父の苅田麻呂《かりたまろ》もそうなのですが、坂上氏は軍事にたずさわる名門で、武神としての強い力が厄除けにも霊験があるとしての信仰です。伝説世界のことではありますが、渡来人と武芸との関係がここにも生きています。

身近にいる渡来人

◆清水寺を造った坂上田村麻呂

国内外に名の知られた清水寺。多くの観光客が訪れます。でもこの寺が坂上田村麻呂《さかのうえのたむらまろ》によって建立されたことは意外と知られていません。

坂上一族は朝鮮半島からやって来た渡来人です。漢氏《あや》という大きな豪族が枝分かれしますが、その一つが坂上氏で、父の苅田麻呂《かりたまろ》が提出した文書のなかではっきりとそれを述べています。この提出の時に田村麻呂は二十八歳、当然彼にも渡来人であるという強い意識は引き継がれていたはずです。

坂上氏が分離する漢氏《あや》は、奈良の飛鳥（奈良県明日香村）で大きな勢力を持った一族でした。飛鳥の人口の八、九割までが漢氏だったといいます。飛鳥といえば日本文化の原点として認識されますが、実は彼らによる渡来文化の咲き誇る場所だったのです。今もその場所に残っている飛鳥寺《あすかでら》。その本尊は止利仏師《とりぶっし》という渡来人が造ったものですし、飛鳥寺を実際に造ったのも、朝鮮半島の百済から招聘《しょうへい》された工人たちでした。

坂上田村麻呂《さかのうえのたむらまろ》の墓は京都山科にあり、市民公園として親しまれています。五十四歳で亡くなった時は正三位というかなりの高位にいましたが、彼は当時の最大の軍事課題であった蝦夷《えみし》の鎮圧に大きな功績をあげました。国土・領土の確定に貢献したのでして、亡くなった時も右近衛《うこのえ》大将・兵部卿《ひょうぶきょう》という上級武官の地位にありました。これにあわせて大納言という有力閣僚でしたから、いかに彼への評価が高かったかが分かります。

●坂上田村麻呂

七五八―八一一。奈良末・平安初の武将。彼の時代は激動期で、特に東北地方の蝦夷勢力の鎮圧は、日本の国の領土を確定するうえで重要事業だった。行動は桓武天皇時代に集中し四次に及ぶが、彼は武官であったのでそのすべてに関与したはずで、なかでもその二次・三次・四次は直接の指揮官としてことの遂行にあたっている。この功績で参《さん》議《ぎ》となり、国政にも関与。桓武が崩御したときには失意に打ちひしがれた皇太子、のちの平城《へいぜい》天皇を親身になって支えたという。

坂上田村麻呂に果敢に抵抗した蝦夷の阿弖流為（アテルイ）。捕らえられて遂には処刑されますが、田村麻呂は強く助命を嘆願しました。清水寺境内にその記念碑があります。

蝦夷の鎮圧に大きな功績をあげた坂上田村麻呂の墓。坂上氏は朝鮮半島からやってきた渡来人でした（京都市山科区勧修寺東栗栖野町）

◆三関の設置

三関《さんげん》とは、伊勢の鈴鹿関《すずかのせき》（三重県亀山市）・美濃の不破関《ふわ》（岐阜県関ケ原町）・越前の愛発関《あらち》（場所は不明）の三つの関をいいます。東日本から都とその周辺を守るための軍事施設ですが、首都のある大和の外側でなく、近江とその東との境にあることが注意されます。ということは近江に首都がある時代に、その防衛を主眼に設置されたということになります。それが後世にまで引き継がれるわけで、近江の重要性をよく物語ります

関は首都の東にあって、西にはありません。古代には三関が東日本と、都を含んだ西日本を分ける境界で、本来の「関東」とはこの関から東をいいます。九州に配置されて国家防衛の最前線に立った防人《さきもり》は、法律上は全国徴兵なのですが現実には東日本からしか徴兵されておらず、そこが勇猛な人々の居地と考えられていたことを示しています。逆に反乱勢力になったら怖いわけで、そのために東との境に関が設置されたようです。

時代の進展とともに中央の文明が東に伸び、平安時代には足柄《あしがら》（神奈川県）と碓氷《うすい》（群馬県）に関が設けられ、そこから東が「関東」となり、これが現在にまで続く関東です。東日本と西日本は別の国、という議論があります。かなり面倒な説明が必要なのですが、両者の境界になるのが三関あたりで、確かにこれは軍事目的で設置されましたがその位置は、日本人・日本文化のありようを考える上でも大きな示唆をあたえるのです。

◆秦氏の渡来

京都盆地に大きな足跡を刻む秦氏《はだ》たちですが、彼ら渡来人はいつ日本列島に渡来してきたのでしょうか。九州と朝鮮半島との距離は二〇〇キロ弱。九州と京都・滋賀間は五〇〇キロほどですから、それよりずっと近いのです。しかも途中には対馬・壱岐という島もありますし、一衣帯水とはよくいったもので、いくつかのピークはありましたが不断に渡来という現象はありました。秦氏も、そうした渡来の人々のなかでの一集団でした。

秦氏という特定氏族の渡来の時期はよく分かりません。ただ私はそれを五世紀、それも後半をピークとすると見ています。

この頃が渡来自体の大きなピークでして、秦氏以外にもたくさんの渡来人たちが日本列島に渡って来ました。彼らのうちの一部が、たぶんは故郷を同じくするといったような理由でまとまりを持ち、そのまとまりが同じ祖先、つまり秦の始皇帝の子孫だということで同族意識を持ち、秦氏を名乗ったのです。

秦《はだ》氏の「秦」は、ハダと濁るのが正しいようです。古い時代の発音は分からないところが多いのであるいは間違っているかもしれないですが、『万葉集』に人間の肌を表すのに「秦」という文字が使用されています。肌はハダと濁音ですから、この「秦」の読みもハダであったはずです。機織りに長じていたのでハタ氏と読まれることが多いですが、早い時期には秦氏と機織りの関係は深くなく、この説には疑問が呈されています。

◆ウヅマサ(太秦)は韓国地名か

「太秦」は難読地名としてよく知られています。字は秦氏《はだ》一族の本家、という意味ですが、どうして「ウヅマサ」と読むのでしょうか。

私は、地名から来ていると思っています。朝鮮半島東海岸の慶尚北道《キョンサンブクド》に蔚珍（ウルチン）という地名があり、ウヅマサのウヅはこれがつづまりました。自分たちの故郷の地名を名乗ったのです。マサについてはまだ解決できていませんが、日本に渡来しても故郷は、やはり忘れがたかったのでしょう。

この太秦《うづまさ》氏は先祖を、秦の始皇帝の子孫の融通王《ゆうずうおう》だと主張しています。だから「秦」を一族の名にしました。でもこの系譜はかなり後世のこじつけで、出身を中国の、それも皇帝だとするほうが何かと有利だった時代のことです。今も太秦に祀《まつ》られている氏神である大酒《おおさけ》神社の祭神は、この始皇帝です。ちなみにこの神社は広隆寺のなかに祀られていたのですが、明治以後の神仏分離政策によって少し東の現在地に移りました。

まんろう先生の深掘りコラム

井上満郎（いのうえ・みつお）

生きている秦氏の遺産

土木技術で大堰築く

秦《はだ》氏の京都における最大の遺産、それは葛野《かどの》大堰《おおい》です。秦氏本系帳《ほんけいちょう》、今でいえば家系図でしょうか、そこに高らかにその事業を誇っています。葛野は葛野川、現在の桂川のことで、大堰は名のごとく大きな取水堰です。

観光地として世界にも有名な嵐山、滔々《とうとう》と流れる桂川ですが、亀岡盆地から狭い峡谷を通って急に京都盆地に注ぎますので、今でも洪水を起こすことがあります。極めて制御しにくい河川なのでして、水量は多いものの灌漑《かんがい》用水には使いにくい状況にありました。

その状況を打破したのが秦氏で、彼らがもたらした土木・灌漑技術で取水堰を築いたのです。その位置は渡月橋のすぐ上流くらいと私は思っていますが、得た用水によって川沿いの嵯峨野や松尾がいっそうの稲作可能な農業環境になりました。

桂川左岸の嵯峨野は、「野」という地名からも知れるように高燥な土地柄です。多量の用水を必要とする稲作には適さず、おそらく放置に近い状態だったと思います。そこへ秦氏が先進的な土木・灌漑技術を投下して堰を造り用水を引いて、稲作可能な土地にしたのです。

右岸の松尾でもことは同じでした。西山の麓を南北に長く延びる台地はけっして水の便がいいとはいえなかったですし、このあたりの高燥な土地環境をも改善して豊かな農地にかえることに成功しました。

この大堰の建設は、ほぼ五世紀後半と考えていいと私は思っています。嵯峨野地区には仲野親王墓《なかのしんのうぼ》古墳・天塚《あまつか》古墳・蛇塚《へびづか》古墳などいくつもの古墳がありますが、それらはいずれも五世紀後半以後のもので、それ以前の豪族の古墳はありません。この頃に急に豪族が出現したわけで、それは秦氏をのぞいては考えられません。

すると大堰の建設は古墳より少し前、つまり五世紀の中ごろから後半ということになるわけです。同時にそれは秦氏が集中して渡来した時期でもあり、彼らが伝えた海外の先進的な文化・文明が、このあたりの開発に大きな足跡を残したのです。

なによりもそれが偉大なのは、今でもこの秦氏の事業が大地のうえに生きていることです。引かれた水はずっと南の乙訓地域まで灌漑しており、その水路はこの地域の稲作に現在も役立っています。

秦氏という渡来人を考えることは、彼らの渡来し活躍した一五〇〇年前を考えることであると同時に、現代の京都を考えることでもあるのです。

松尾大社楼門近くの用水。渡月橋すぐ上流の右岸から南に流れる用水です（京都市西京区）

◆秦氏の出身地はどこか

秦《はだ》氏の出身地はよく分かりません。しばらく前になりますが、韓国東海岸の蔚珍《ウルチン》郡から石碑が発見されました。日本海をはさんで、対岸は山陰海岸です。細長く南北に海岸沿いの平地が続く場所ですが、その碑文に「波旦（パダン）」と見え、ここを秦氏の故郷とみていいのではないでしょうか。渡来系氏族の雄族漢《あや》氏もやはり出身の安邪《あや》（慶尚南道咸安《キョンサンナムドハマン》）の地名をとったらしく、秦氏もまた故郷を思う気持ちは同じだったのです。

◆蛇塚古墳と秦氏の古墳

太秦の蛇塚《へびづか》古墳は秦河勝《はだのかわかつ》の墓だという説があるくらい、あたりは秦氏の居住が濃密でした。本拠地と考えていいと思います。元は前方後円墳だったようで、現地形にその痕跡が見いだせます。河勝の墓か確定はできないですが、周辺に一族の墓と思われる古墳がたくさんあり、彼らの地域開発の足跡をしのぶことができます。開発の成果によって、豪族に成長したのです。渡来人秦氏の歴史貢献を物語る重要な古墳です。

嵯峨野地域には多くの古墳がありますが、いずれも五世紀後半以後のものです。古墳は豪族の墓です。それが五世紀後半にしか造られないということは、それまでは豪族がいなかったということです。ではなぜ急に豪族が成立したのでしょうか。秦氏たちの先進的な土木・灌漑《かんがい》技術の投下で高燥《こうそう》な嵯峨野は、大量の農業用水を使う稲作の可能な環境になりました。渡来人なればこそのことで、それが先に述べた巨大な葛野大堰《かどのおおい》の建設なのです。

●蛇塚古墳

京都市右京区太秦に所在。古墳時代後期の前方後円墳で、全長は約七五メートル。盛り土が流出して石室が露出、あたかも奈良飛鳥の石舞台古墳の様相を呈する。石棺はむろん、副葬品もなく、時代を特定することも出来ないが、渡来人秦氏の豪族墓所とすることは諸説がほぼ一致している。

蛇塚古墳

◆鹿深氏の百済石仏

鹿深《かふか》氏はのち「こうか」と転じる甲賀《こうが》氏・甲可《こうか》氏のことです。その一族の人物が五八四年、百済《くだら》から弥勒菩薩《みろくぼさつ》の石仏を日本にもたらしました。彼がなぜ百済に行き、石仏を持ち帰ったのかはよく分かりませんが、近江の渡来人の伝統がそうさせたのでしょうか。史料には「臣《おみ》」という中央の有力豪族の姓《かばね》（氏族の格を示す）だったとありますので、私は彼を渡来人とは考えていませんが、あるいは親密な関係にあったのかもしれません。

◆百済王らは朕が外戚

桓武天皇は、百済王《くだらおう》氏は母の実家だと宣言しています。母方の祖父が和乙継《やまとのおとつぐ》で、この氏族は百済の武寧王《ぶねいおう》を祖先とする渡来人でした。現在の天皇家は桓武天皇の子孫ですから、やはり渡来人の血を受け継いでいることになります。ワールドカップサッカーが日韓共催で開催された時、平成の天皇が日本と「韓国とのゆかり」を発言されたことは記憶に新しいですが、この桓武天皇の生母についての記載をもとにしたものでした。

桓武天皇は三十人ほどの后妃《こうひ》が知られますが、そのうち七人が渡来系氏族の出身でした。これは画期的なことでして、以前にはなかったことなのです。天皇の結婚は政略的な意味合いが強かった時代ですので、これは渡来人たちを味方に付けようとする意図のもとで行われたものです。つまりそれだけ渡来人の勢力が侮りがたいものだったことを示し、大和王権以来の渡来人の役割がなお続いていたことを知ることができます。

◆高野新笠と桓武天皇

高野新笠《たかののにいがさ》は桓武天皇の母で、亡くなった時に贈られた名前は「天高知《あめたかしらす》日《ひ》之《の》子《こ》姫尊《ひめのみこと》」という荘重なものでした。新笠の祖先の百《くだ》済《ら》の始祖は都慕王《とぼおう》で、王の母の河伯《かはく》（川の神、水神）の娘が日光に感精して産んだことにちなむ「日の子」です。母が渡来人であることを強く意識して、朝鮮神話に基づいたこの名がたてまつられました。ちなみにこの百済王の誕生神話は、日本初代の神武天皇が海神の娘を母とするのによく似ています。

◆百済王氏　一族の広がり

百済王《くだらおう》一族はその名の通り百済の王を祖先とします。滅亡したのち日本にいた王族がそのままとどまったものですが、その本拠は河内でした。大阪府枚方市に百済寺《くだらじ》跡がありますが、隣接して百濟王神社もあり、このあたりに居住しました。近くの京都に都が移り、百済の王族の子孫ということもあって表舞台で活躍します。奈良時代のことですが陸奥守《むつのかみ》だった百済王敬福《きょうふく》は、わが国での金の発見を伝えたことでよく知られます。

桓武天皇はこの一族を自分の外戚だと自ら宣言していますが、その祖先である百済の武寧王陵《ぶねいおうりょう》が発見されました。韓国忠清南道《チュンチョンナムド》公州《コンジュ》市の宋山里《ソンサンニ》古墳群のなかの一つで、一九七一年のことです。王妃も合葬されていて、その墓誌も残されていました。遺物は近くの公州国立博物館に展示されていて自由に観覧することができますが、桓武の宣言にもうかがえるように、日本と韓国の国際交流の姿を知る重要な遺跡です。

◆百済人の近江定住

近江への渡来人の定住時期がはっきり分かるのは、七世紀後半です。理由は簡単でこの時に百済《くだら》が滅亡し、その亡命者が渡来したからです。国家の滅亡は六六〇年、すでに百済からの渡来人は広範囲に住んでいましたが、そうした地域伝統もあって近江への定住策がとられます。あるいは大津京遷都を見越しての定住かもしれませんが、彼らの建設技術はむろん、国家システムの整備に行政知識なども大いに役立ったのです。

六六五年に百済の四〇〇余人を神崎郡に、六六九年に同じく百済の七〇〇余人を蒲生郡に、それぞれ住まわせました。いずれも「男女」とありますので庶民家族でしょうし、湖東に広く彼らが住み、母国の百済はすでに滅亡していますから帰国することもなく、子孫も近江に暮しました。

今その血を引くと言われる方がおられるかは存じませんが、近江はこうした人々とともに歴史と文化を築いてきたことが注意されます。

◆石塔寺の三重石塔

東近江市にある石塔寺《いしどうじ》の塔はたいへん特徴的な姿です。山号を阿育王山《あしょかおうざん》というように、インドの阿育王《アショーカ》が建立した塔への信仰から始まるのですが、インド以外へも信仰は広がります。日本では怨霊《おんりょう》の沈静化や罪障《ざいしょう》の消滅などをかなえるものとして信仰され、この塔への参詣もおおいに高まりました。韓国へは何度も調査に行きましたが、似たような姿の石塔が多く見られ、ここが渡来人の里であることと考え合わせて興味を引きます。

石塔寺境内にある三重の塔

まんろう先生の深掘りコラム

井上満郎（いのうえ・みつお）

似ている日本と朝鮮半島の神話

高句麗の始祖伝わる

広開土王の碑石の拓本で、歴史学者・故上田正昭さんが中国から持ち帰りました。碑石は414年に立てられ、もとは野天でしたが、現在は手厚く保護されています（個人蔵、高麗美術館提供）

初代天皇の神武天皇を祀る橿原神宮。1890年の創建です（橿原神宮提供）

私どもの世界ではよく知られているのですが、久米邦武さんという明治・大正ころの歴史家がいます。岩倉具視の視察団に随行し、見聞記の『米欧回覧実記』をあらわしましたが、のち帝国大学（今の東京大学）の教授になります。

その直後、一八九一年に「神道は祭天の古俗」という論文を発表しますが、これが神道家や国家主義者たちの猛烈な反発をかい、帝国大学教授を免職になります。

論文の内容はタイトルのとおりで、神道は東アジア世界に共通する、天を祭る古くからの習俗、というものです。神道家たちは日本の神道は日本独自の信仰形態であり、だからこそ世界中のどこにもないすぐれたものなのだというのが基本的立場ですから、これに反発したわけです。

神道の基礎にある日本神話は、東アジア、特に朝鮮半島の神話とはきわめて似かよった内容を持つものがあります。具体例をあげましょう。

朝鮮半島神話に、初代の王の誕生が語られています。朱蒙《しゅもう》です。この名は韓流ドラマにも取りあげられましたので、ご存じな方も多いかと思います。

朝鮮半島は度重なる戦乱で多くの記録類が失われているのですが、高句麗の広《こう》開土王《かいどおう》（好太王《こうたいおう》）の功績をたたえる四一四年に建てられた石碑が、現在は中国である吉林《きつりん》省に残っています。かなり辺鄙《へんぴ》なところで、私も一度しか行ったことがないのですが、おそらくはその辺鄙が幸いして、たいへん保存状態がよかったです。

だから文字はかなり読み取れるのですが、そこに高句麗の初代大王の鄒牟《すうむ》王（朱蒙のこと）は、父は天帝で母は河伯《かはく》（河の神）の娘とあります。この時にはもう高句麗の始祖神話はできていたのです。

では日本の初代の王、つまり神武天皇はどうでしょうか。父は天から下った神の子孫で、母は海神の娘玉依姫《たまよりひめ》です。

両者ともに父は天の神の子孫、母は水の神の娘ということなのでして、どう考えても似ているとしかいいようがありません。

日本神話のこうした神々の系譜がいつ形成されたかは不明ですが、高句麗からの公式使節来日は五七〇年からありますし、聖徳太子の側近だった高句麗僧の恵慈《えじ》などもいて、朝廷に高句麗神話が伝わっていることは疑いないです。これをモデルにして日本の天皇誕生神話が作られたかどうかまでは分からないですが、私たちが遠い過去のことと思っている神話においても、日本はアジアとつながっていたのです。

◆鬼室集斯の墓

鬼室集斯《きしつしゅうし》の墓は滋賀県日野町小野《この》にあります。

彼は百済《くだら》の滅亡によって渡来してきた百済貴族です。日本の政権にも重く用いられて、今でいえば文化庁長官でしょうか、「学職頭《ふみのつかさのかみ》」というポストに就きました。帰るべき故国はなく、異国である日本でその生涯を終えてここに眠ります。蒲生郡の地に、同郷の人々七〇〇人とともに住んだことが『日本書紀』に述べられていますが、その墓は地元の人々によって今も大切にまもられています。

彼が渡来する契機になったのは六六〇年の百済《くだら》の滅亡ですが、これは日本にとっても重大な出来事でした。この頃に朝鮮半島は統一されるのですが、それまでは百済・新羅《しらぎ》・高句麗《こうくり》がそれぞれ国家を別々に形成していました。日本はそのうちの百済と最も親密でしたので、滅亡によってその後の国際戦略に大きな変更を余儀なくされます。鬼室集斯はそうした時の対外政策に貴重な情報をもたらし、大きく日本に貢献したのです。

●鬼室集斯

七世紀の渡来人。百済出身。滅亡した百済国の復興に大活躍し、日本滞在だった余豊璋《よほうしょう》の帰還を願い、また日本の軍事援助を要請した鬼室福信の子らしいが、母国再建がならず、倭国に渡来、朝廷に出仕した。墓碑には「朱鳥三年（六八八）戊子十一月八日殞（死）」などとある。

◆百済寺と百済

百済寺《ひゃくさいじ》（東近江市）は聖徳太子が発願、百済僧観勒《かんろく》、また高句麗僧恵《え》慈《じ》なども滞在したといい、いずれも実在の人物で、『日本書紀』にその名が見えます。おそらくは渡来人と深い関係のもとに創建され、あるいは地域の百済系渡来人たちの氏寺として出発、平安時代には天台宗寺院として発展します。もちろんこの時代にも渡来人の子孫は地元に繁栄していましたから、そうした人々も大いにこの寺をささえたのではないでしょうか。

◆国宝第一号

一八九七年ですが、広隆寺の弥勒菩薩《みろくぼさつ》像は国宝の第一号に指定されました。この年に制定された古社寺保存法によるもので、いちはやく指定されるほど優れた仏像なのです。飛鳥時代の木像で、材はアカマツ。日本の飛鳥時代の仏像はすべてクスノキですので、渡来の仏像だと考える人もいます。この寺を創立した秦河勝《はだのかわかつ》が聖徳太子から下賜された仏像と思われ、渡来人秦《はだ》氏とあわせて、当時の国際的環境を知る大切な文化財です。

ソウルの国立中央博物館に、半跏思惟像《はんがしいぞう》と呼ばれている仏像があります。この仏像は「思惟空間」と呼ぶ特別の部屋をとって展示されていますが、広隆寺の弥勒《みろく》菩薩像とほんとうによく似ています。私の関わった中学校教科書に二つを並べた写真を掲載していますが、日本の飛鳥文化が朝鮮半島の文化影響のもとにあったことを、中学生はすぐに理解してくれます。こちらは金銅製で、大きさも違いますが、基底にある日韓の文化交流を強く感じます。

◆葛野秦寺の広隆寺

古代の京都、特に嵯峨野・松尾あたりは渡来人秦氏《はだ》が色濃く住み、その人口比率は七〇％にも及びます。ですのでここに彼ら一族の氏寺として、葛野秦寺《かどのはたでら》とも称される広隆寺が創建されました。

秦氏は伏見深草あたりにも集まって住んでいましたが、このどちらに先に住み着いたのかはよく分かりません。ただ京都盆地全体に彼らが居を占めていたことは疑いなく、その国際的な背景のもとでの広隆寺建設だったのです。

今の京都は古い時代には、全体が葛野《かどの》と呼ばれていました。のちにそれが分割されて葛野・愛宕《おたぎ》・紀伊《きい》・乙訓《おとくに》といった郡が制定され、かつての広域の葛野はその一つの郡の名前になります。これらの郡名は今でも地名として残りますが、もとは中国の郡県制度《ぐんけんせいど》によっています。

その後長く日本の地方行政の単位となる郡も、面倒な検討課題がありはしますが、こうした日本と中国との国際的な交流のもとで誕生したものなのです。

◆蚕ノ社と養蚕・機織

蚕ノ社《かいこのやしろ》は、秦氏《はだ》一族の守護神でありまた職業神でした。「蚕《かいこ》」から知られるようにそれは機織で、境内には蚕養神社《こかいじんじゃ》が今もあります。

絹は弥生時代に伝わっていますが、その高度な織物技術は渡来人がもたらしました。秦氏もそれを職業としたわけで、その秦氏が地元のこの神社を奉斎しました。三柱《みはしら》鳥居で有名ですが、境内には今も西陣の機業家奉納の玉垣もあって、長くこの神社の信仰が続いていることを知ることができます。。

木嶋坐天照御魂神社《このしまにますあまてるみたま》、蚕ノ社の正式名称です。これでは京都人にも分かりませんが「天照」の名が示すように、もとは太陽神です。伊勢のそれが有名ですが太陽神はイコール農業神で、全国に祀《まつ》られています。実は伊勢神宮の天照大神《あまてらすおおみかみ》もその太陽神の一つで、長い歴史のなかで皇室の祖先神になります。五世紀頃にはその端緒が見られますが、皇室との系譜付けが完成するのは壬申の乱以後のことと考えられています。

木嶋坐天照御魂神社の木島はおそらく地名でしょうが、どこかは不明です。はじめ農業の実りを祈る太陽神アマテラスとしてここに祀《まつ》られました。その農業神である太陽神に、秦氏が自分たちの機織産業への信仰を〝重層〟させたものですから、やがてそちらのほうが有名になり、蚕ノ社と通称されるようになりました。

ここの地名は秦氏の本家筋が住んだために生じた太秦ですが、渡来文化の広がりが、こんなところからも知られます。

木嶋坐天照御魂神社（蚕ノ社）にある三柱鳥居。かつては池に水がたたえられていました。

◆難波と豊前のヒメコソ神社

新羅《しらぎ》の王子の天之日矛《あめのひほこ》（『古事記』。『日本書紀』は天日槍）は、ある男から赤玉を乞い取り、これを持っていたところ美しい女性になったので妻にしようとします。

ところがそれを嫌った女性は逃走、日本の難波《なにわ》に至って比売許《ひめこ》曽《そ》神社（大阪市東成区）の祭神になりました。また別に豊前《ぶぜん》の比《ひ》売語曽《めこそ》神社（大分県姫島《ひめしま》村）とも伝えます。いずれにしても朝鮮半島の神が祀《まつ》られていることになり、日本の神社信仰の国際性を知ることができます。

なぜ同じ朝鮮半島の女性が、遠く離れた大阪と大分の神社の祭神になったのでしょうか。この「赤玉」は日光に感じて生れたといい、いわゆる卵生神話《らんせいしんわ》と呼ばれるものです。日本ではきわめて稀なもので、逆に朝鮮半島の神話には、高句麗の朱蒙《チュモン》、加羅の首《ス》露《ロ》などの王が卵から誕生したなど、多くみられます。つまりこの神話を伝えた渡来人たちが住み着いていた各地で語りついだものなのでして、難波にも豊前にも、当然西日本全体にかけて彼らの居住があったことを示すものなのです。

まんろう先生の深掘りコラム

井上満郎（いのうえ・みつお）

秦河勝の活躍のすがた

崇仏争いで太子側に

秦河勝は、京都にも滋賀にも関係する渡来人です。京都に広隆寺（右京区）を建立したことはよく知られますし、近江では新羅《しらぎ》・唐軍相手に奮戦した愛知郡《えちぐん》出身の朴市秦《えちのはだの》田来津《たくつ》は河勝の子供だと伝えます。

また彼をたたえた言葉として、地名にもなっている太秦という言葉が出るように、秦氏の族長的な地位にいたようでして（太は大と同じ。中心という意味）、それはともかくとしても実名の分かる秦氏のなかでは、ほとんど唯一の有名人です。

文化勲章まで受章された、竹内理三さんという歴史学者がおられます。その方が秦氏を「殖産的氏族」、つまり主に地元の開発に貢献した一族だといわれました。たしかに政治的に活躍した漢《あや》氏一族と違って、秦氏では河勝だけが名を残した人物なのですが、実はその生涯はよく分かりません。

彼の事績の最大のものは、聖徳太子の側近ということです。太子は孤高の人で、そういう人物が見当たらないのですが、高句麗僧の恵慈《えじ》とこの河勝がその側近くに仕えました。太子の政策にどれだけ関与したかは不明ですが、当時は遣隋使をはじめ外交に難題がありましたから、海外情報の取得などに渡来人ネットワークを駆使して相当に影響を与えたのではないでしょうか。

太子から下賜された仏像を祀《まつ》る広隆寺を創建し、また崇仏の争いでも太子側にたち、さらには新羅からの使節を迎接したこともこの線上で理解できますし、こうした活躍を背景として近江出身の田来津《たくつ》が彼の息子だという説ができたのでしょう。

河勝の活躍はもう一つあって、静岡県の富士川あたりの邪教の勢力を討ったというものです。

これが六四四年で、活躍の最初が五八七年ですからこの間は五十数年、やがて播磨に移ってこの年の九月十二日に八十三歳で死去したとい い、その墓所が赤穂市（兵庫県）の坂越《さこし》港のすぐ前の生島《いきしま》にあります。

かなりの長命だったことになるのですが、今でもこれを命日として、河勝を祭神とする坂越の大避《おおさけ》神社で年祭がもたれています。世阿弥は河勝の子孫だと主張し、そこから芸能の始祖とも認識されてこの神社には、宮内庁で雅楽にたずさわる楽家《がくけ》からの信仰が現在でもあり、絵馬がいくつも奉納されています。河勝はなお生きているのです。

播磨生島の秦河勝墓所。河勝を祀る赤穂市の大避神社すぐ前の小島にあります。神域で人が入らず、古代の雰囲気をよく伝えています＝著者提供

依智秦氏の里古墳公園。湖東の愛荘町にあり、田来津たちの秦氏時代の雰囲気がよく分かります。多くが一族の墓でしょう（愛荘町立歴史文化博物館提供）

秦氏と秦河勝

知っ得コラム　拡大版

秦氏の日本での活躍は多岐にわたる。一言でいえば殖産的ということになるが、列島各地の地域開発に大きな功績を残した。地べたに張り付いた諸活動が秦氏の姿であり、政治的な活動はほとんど見受けられず、その意味では〝静かなる〟氏族、といえよう。

一人だけ名を残したのが河勝だ。聖徳太子側近として崇仏《すうぶつ》か廃仏《はいぶつ》かを争った紛争で太子の軍師をつとめ、のちブレーンとして国内外に及ぶ政策に深く関与した。京都の関係で確実なのは広隆寺創建だが、太子が最も重視した仏教、仏教は単に心のなかの信仰というだけでなく、国家・社会の平和と安定に役立つものだったが、その普及にも河勝は貢献した。

ともかく秦氏も、その一族の河勝も、古代の日本社会のあり方に大きな影響を与えたのであり、たしかにそれは大化改新のように政治の仕組みを大きく変えたとかいうようなことではないが、人々の暮らしのありようそのものに関わる重要な一族だったのだ。

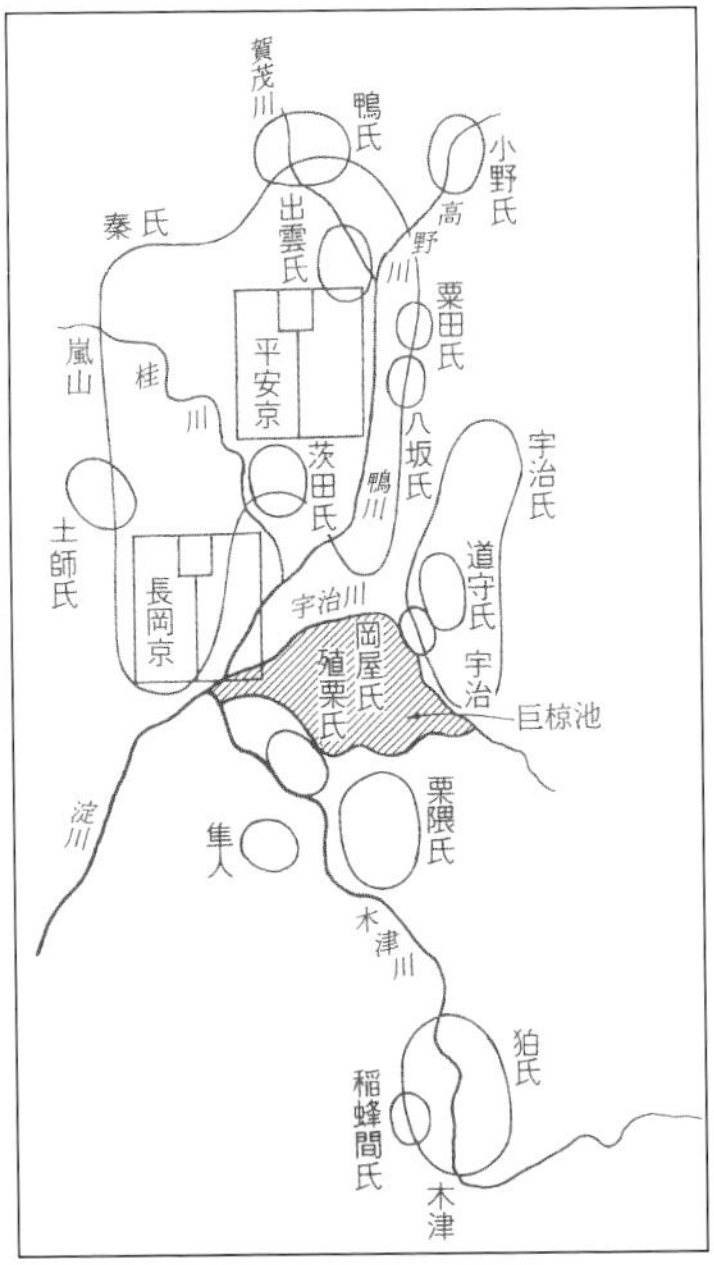

古代京都の氏族
『京都よみがえる古代』井上満郎 著より
ミネルヴァ書房　1991年刊

慶尚南道鳳坪里（ポンピョンリ）発見の碑に「波旦（パダン）」とあり、ここが秦（はだ）氏の出身地で、氏族名とも考えられます
（韓国・蔚珍鳳坪新羅碑展示館）＝著者提供

◆紀氏の存在形態

紀《き》氏というと、きっと紀貫之を思い浮かべ、そこから『古今和歌集』などを残した文化人を想像されるでしょう。たしかに一族には三十六歌仙の友則《とものり》、漢詩文で名を知られた長谷雄《はせお》、その子で歌人の淑望《よしもち》・淑人《よしひと》などがいます。平安時代の文壇に一勢力を築いたのですが、実はそれはこの時代での姿でして、早く飛鳥時代から政権の表舞台に立つ政治家を輩出していました。蘇我氏や大伴氏に目を奪われがちですが、紀氏もそれと並ぶ名族でした。

この一族は名のように紀伊（和歌山県）を本拠地とし、紀伊水道から大阪湾にかけてを掌握して大きな勢力を築きました。海人《あま》を組織して水軍をも形成、軍事にも活躍します。なかには朝鮮半島女性との間に子をもうけ、その子が百済朝廷に仕えたという例もあって、国際的な一族なのです。史上に多くの名が見えていますが、政治の世界にも活躍し、天智天皇側近の大人《うし》、大納言となった麻呂《まろ》・古佐美《こさみ》など、数え切れないほどです。

和歌山市に大谷《おおたに》古墳という古墳があります。国内に三、四例しかなかったと記憶しますが、ウマの着ける冑《かぶと》、馬冑《ばちゅう》が発見されています。おそらく紀氏の墳墓で、この一族が使用したものでしょう。そっくりなものが韓国釜山《プサン》の福泉洞《ボクチョンドン》古墳から出土していて、その関係の親密さが理解できます。紀氏には多くの海外交渉に関わった人物がおり、そのすぐれた海事・水運技術で朝鮮半島に往来し、学んだ馬冑であったに違いありません。

◆嵐山を築いた秦氏

嵐山の風景は、実は秦《はだ》氏によって形成されました。おそらくは五世紀後半、桂川に巨大な葛野大堰《かどのおおい》を造ったのです。一族の家系図の秦氏本系帳《はだしほんけいちょう》に、天下に並ぶものはないと誇らしげに書いています。このダム建設によって嵯峨野などに水を引いて稲作を可能にしたのですが、大堰の場所は渡月橋のすぐ上流ではないかと私は考えています。今もボートなどが行き交うこの水辺で、平安時代には多くの貴族たちの遊覧ももたれました。

渡月橋のすぐ南に法輪寺があります。京都の人はこれではたぶん分からず、虚空蔵《こくぞう》さんと通称されています。成人儀礼の一つである十三参りで有名ですが、この寺は葛井寺《かどのいでら》と呼ばれていました。葛野大堰《かどのおおい》のたもとにあったからで、平安時代に道昌《どうしょう》という僧侶が伽藍《がらん》をととのえたのですが、この人は秦《はだ》氏の出身でした。彼はまた先祖の事業である大堰の修復にもあたり、それを記念する石碑が渡月橋北詰すぐ上流に立てられました。

知っ得コラム

嵯峨は京都の近郊都市

観光地で有名な嵯峨が都市、というと違和感が強いだろう。天龍寺所蔵の、一四二六年作成の「山城国嵯峨諸寺応《おう》永鈞命《えいきんめい》絵図」と呼ばれる図がある。天龍寺が応仁の乱で荒廃し、また明治の上地令で衰退する前の、全盛期の嵯峨の様子が知れる。僧侶は生産活動に基本的に従事しないから、これらの寺々に集う僧侶たちの暮しを支える、これまた膨大な商工業者などがこの辺りに居住していたのだ。その人口は計算のしようがないが、おそらくは万を越えていただろうし、今の観光地イメージと大きく異なって、嵯峨は京都西郊の門前町として繁栄していた。

松尾大社の大鳥居

◆松尾大社の創建

松尾《まつのお》大社の創立は、七〇一年です。ですがそれは神社を移転した時期でして、史料によるともとは背後の「日埼岑《ひざきのみね》」という峰に祀《まつ》られており、それを現在地へ移転したのが秦《はだ》氏でした。これが創立年ということなのです。神社というと、多くの方は日本古来のもので、日本人による創立だと考えておられるでしょうが、この神社はそうではありませんでした。誤解を恐れずにいえば、古代の〝外国人〟によって創立された神社なのです。

渡来と在来との関係を解く大切なキーワードは、〝重層〟です。松尾大社のケースにみられるように、渡来人は朝鮮半島から自分たちの神を持ってきて、在来の松尾の神を排除して祀《まつ》ったわけではないのです。そこにあった在来の神に自分たちの信仰を重層させているのでして、寛容というか、包容する日本人と日本文化のありようをよく知ることができます。排除の論理でなく、吸収あるいは融合のなかで、長い時代にわたって日本は文化的蓄積を重ねていったのです。

松尾《まつのお》大社を創建したのは、秦都理《はだのとり》という人物でした。創建は七〇一年ですが、ずっと以前からこのあたりに住んでいた秦氏の一人です。山の峰といったお参りのしにくい場所でなく、平地に移したのです。これによって人々との距離は縮まり、親しみやすい神社になりました。

以後も代々の神職は秦氏一族によって継承され、明治のはじめまで続きました。神社の維持・管理も、ずっと秦氏の子孫によって担われていたのです。

◆秦河勝と平安京

平安京は、もとは秦河勝《はだのかわかつ》の邸宅でした。かなり後世の村上天皇（在位九四六〜六七年）の日記に出てくるものですから信頼性は高くないのですが、なぜそうした伝承が生まれたのかには注意が必要です。平安京の地が秦氏と深く関係するからでして、その秦氏のなかでも河勝は最大の、というよりほとんど唯一の有名人だったからなのです。ごく自然に平安京と、京都盆地の開発事業を推進した秦氏の河勝は結びついたのでした。

古代の京都盆地にはさまざまな氏族が居住していました。在来の一族もむろんいましたが、外来の渡来人では、居住が判明するだけでも秦《はだ》氏・狛《こま》氏・岡屋《おかのや》氏などです。そのなかで最大の勢力を誇ったのが秦氏でした（七八ページの「古代京都の氏族」図を参照）。のちの長岡京・平安京を含む京都全域に分布し、その文化・文明の形成に貢献しました。もちろんそれは彼ら渡来人だけでなされたわけでなく、在来の京都人たちとの協働であったことも見逃してはなりません。

平安京の建設事業そのものと秦《はだ》氏とのかかわりは、よく分かりません。政治的な事業内容、この場合では遷都ですが、これが書き残されることはあっても、工事の具体的な様子が記録にとどめられることはないからです。わずかに見えるのは造宮少工《ぞうぐうしょうこう》であった秦都岐麻呂《はだのつきまろ》だけで、彼は間違いなく平安京建設工事の責任者の一人でした。渡来人たちの持つ都建設のノウハウが、平安京にも役立っていたことが分かります。

◆樫原廃寺と高句麗

京都市西京区の高台にあり、寺の名が分からないので地名をとって樫原《かたぎはら》廃寺と呼んでいます。瓦積み基壇に立つ八角形の塔が発見され、創建は七世紀後半頃で、むろん京都が都になるはるか前のことです。八角形の塔は高句麗《こうくり》の清岩里《チョンアムリ》廃寺・上五里《サンオリ》廃寺（北朝鮮平壌《ピョンヤン》市）などにあり、樫原廃寺も高句麗文化の影響を受けたものと考えられます。ただ付近に高句麗系渡来人の居住を確かめられず、創立者の謎は解決されていません。

知っ得コラム

高句麗と日本

高句麗はたしかに朝鮮半島では日本から最も遠くに位置した。現在の北朝鮮から中国東北地方にかけての地だが、そういう意味では日本との国際・民際の交流は南の百済・新羅や加羅諸国ほど濃くはなかった。だが聖徳太子の顧問となって日本に長期滞在した恵慈を始め、何人もの人が日本に来て文化・文明を伝えた。いうまでもなく高句麗は中国と陸でもって接しているし、たとえば朝鮮三国のなかで最も早く国家形成を遂げ、またいち早く仏教も受容した。一方で中国、特に隋・唐の領土的な侵略をしばしば受けたから、南に接する百済・新羅とあわせてたえず国際関係は緊張していたが、そうしたなかで国家はその歴史を歩むことになる。結局は唐・新羅の連合軍によって滅ぼされるので、まさにこうした地政学的なありようが高句麗の死命を制したのであった。

◆相楽の高麗人たち

五七〇年、初めて高句麗《こうくり》（現北朝鮮・中国東北部）からの使節がやってきました。日本海の荒波を越えて、石川県海岸に到着しますが、そこから敦賀、さらに近江へ入り、山背（山城）を通って都の泊瀬柴籬宮《はつせしばかきのみや》（奈良県桜井市初瀬《はせ》あたり）に向かいます。当時中国の南北朝対立の混乱が隋《ずい》によって統一される激動時期で、高句麗《こうくり》からは聖徳太子の顧問となる恵慈《えじ》、絵の具や紙・墨を伝えた曇徴《どんちょう》も渡来し、盛んに日本との接触をはかっていました。

最初の高句麗《こうくり》使節が大和に向かう途次、京都府南部に彼らのための迎接施設が設営されました。相楽館《さがらかのむろつみ》と呼ばれましたが、このあたりにはたくさんの高句麗系渡来人が住んでいました。おそらくそうした人々の居住という前提があっての設営だと思われ、国家間の公的な接触は確かに六世紀後半ですが、高句麗からの渡来人たちはそれ以前から日本に渡来し、各地に居住していたのです。彼らの氏寺であった高麗寺《こまでら》も、木津川市に遺跡として名残をとどめています。

高句麗からの渡来人の足跡は、地名としても現存します。昭和の合併までは高句麗系渡来人の居住をそのままに示す高麗村《こうらいむら》（現木津川市）がありましたし、駅名には上狛《かみこま》（JR奈良線）・下狛《しもこま》（同片町線）もあります。たくさんの高句麗系渡来人がかつて住んでいたことから生じたものですし、はるか古代の渡来人の足跡が、今も残っているのです。このあたりには狛《こま》氏という豪族もいて、中世には大きな力を振るいました。

◆狛長者の金柱宮伝説

狛《こま》は高句麗《こうくり》、長者は富裕者、住んでいた宮が金柱宮《かなはしらのみや》です。伝説の世界のことですが、高句麗からの渡来人の足跡を伝えるものでして、滋賀県の筏川《いかだがわ》（東近江市）はかつて狛《こま》井と呼ばれて長者が開削したとか、広大な長者の邸宅には金柱という念持仏《ねんじぶつ》が祀られていたとかを伝えます。古くから狛長者伝説はあり、現在も駒寺《こまでら》という地名があることも参考になりますし、これらはこの地での高句麗系渡来人の活躍を物語るものだと私は考えます。

朝鮮半島では高句麗は日本から最も北になります。現在の北朝鮮・中国東北部にあたりますが、確かに遠いです。

だから交流が少なかったのかというと、けっしてそうではありません。日本海をはさんで対岸ですし、その航路を使った高句麗使節の来日もありました。環日本海文化圏を構成する重要な地域のひとつでして、半島南部の百済《くだら》・新羅《しらぎ》と若干の違いはありましたが、日本へ海外の文化・文明を伝えてくれる大切な国のひとつでした。

聖徳太子のブレーンに招聘《しょうへい》されたのは、高句麗僧の恵慈《えじ》です。日本は朝鮮半島では百済《くだら》と最も親密な関係でしたが、あえて高句麗の人材を招いたのは恵慈がすぐれた人物だったからでしょうし、来日以後二十年にわたって太子を支え、帰国しました。僧籍にある人でしたので中心は仏教でしたが、当時の僧侶はそれ以外のさまざまな知識や技術をも持ち、飛鳥時代の歴史に彼は大きく貢献します。狛長者もそうですが、高句麗にもっと着目しなければと思います。

まんろう先生の深掘りコラム

井上満郎（いのうえ・みつお）

遣隋使・遣唐使の光と影
海に沈んだ宝と人

正倉院は、青丹《あおに》よしと讃えられた奈良の平城京をいろどった数々の文化財を、今も保管しています。基本的には年に一度きりの秋の正倉院展（十月下旬〜十一月中旬）、それも奈良でしか見ることのできないものです。遣唐使たちが唐からもたらしたものが多く、彼らの文化上の貢献の大きさを間近に知ることができます。

歴史とはそういうものだと言ってしまえばそのとおりなのですが、華やかで晴れやかな光の部分があれば、かならずその影の部分もあります。遣隋使・遣唐使たちの輝かしい活躍によってもたらされた正倉院宝物の背後には、数かぎりない隠れた影の部分があったのです。

その最大のものは、航海における苦難、生命の危険です。

遣隋使のほうの行程は不明なものが多いのですが、おおむね朝鮮半島西岸にそって往復するようで、したがって比較的安全でした。もちろん当時といえども沿岸部に海賊はいましたし、危険がなくはなかったですが、遣唐使のそれははるかにたいへんなものでした。

その理由は、往復に南路《なんろ》と呼ぶ航路を使ったからです。朝鮮半島の新羅《しらぎ》との国際関係の悪化が主な原因のようですが、七〇二年出発の遣唐使以後、余儀なくとはいえ東シナ海を横断するコースをとるようになったのです。南島路《なんとうろ》といって、いったん沖縄あたりまで島伝いに南下してから大陸に向かう若干ショートカットのコースもありましたが、ことはそう変わらなかったようです。

平城宮跡歴史公園の復原遣唐使船。そう大きな船ではなかったようですが、一船に150人ほどが乗り込みました（奈良市）

この航路をとるようになってから、ほとんどの遣唐使が海難に巻き込まれています。『万葉集』などに「四《よ》つの船」とも呼ばれたように、使節団は四船からなるのが原則ですが、その理由はよく分かりませんが、保険説とでもいうのでしょうか。四隻行かせればせめてそのうち何隻かは帰ってこられるだろうから、四船になったというのです。

遣新羅使・雪連宅満（ゆきのむらじやかまろ）の墓所。新羅とも国交を持ち、その使節の宅満は途中の壱岐で急病のため亡くなりました（長崎県壱岐市）

これが本当かは確かめようないですが、それほど危険をともなう用務だったのです。私たちは帰国することが出来た使節がもたらしたものしかむろん知らないわけですが、たとえば井上靖さんの『天平の甍《いらか》』、ここに描かれたように途中の海に沈んでいった人々やまた失われた宝物類がたくさんあったことを見逃してはなりません。

そしてこうした自らの生命の危険をもかえりみず、果敢に中国に渡ってすぐれた文化・文明を持ち帰り、日本の国家の発展や文化の向上をはかろうとした当時の日本人たちへの敬意をも、決して忘れてはならないでしょう。

◆遣隋使の小野妹子

小野妹子は遣隋使《けんずいし》として有名ですが、ではなぜ彼だったのでしょうか。属していた小野氏がウミを活躍の舞台とする氏族なことによります。

調べるとすぐ分かりますが、この一族はさまざまに海事や軍事を担当していて、それは湖岸の小野村（大津市）を本拠地とし、琵琶湖で鍛えられた水運技術を代々にわたって持っていたからです。琵琶湖が内陸の湖にとどまらず、国際的にも広がりを持つものであることがよく分かります。

倭の五王以来ほぼ一〇〇年ぶりの日中国交、それが遣隋使《けんずいし》です。対中国外交の経験者は当然おらず、しかも隋は三五〇年ぶりに出現した中国の強力な統一帝国。果敢に日本の天皇は自分を「天《てん》子《し》」だと主張し、これに皇帝の煬帝《ようだい》は激怒しました。天子は天から天命《てんめい》を受けたただ一人なのでして、中国皇帝の帝国支配の根幹をなす原理です。激怒による日本侵攻は幸いなかったですが、こうした緊張極まりない外交の最前線に妹子は立ったのです。

妹子の小野氏は、志賀郡小野郷《おのごう》が居地です。今もそこには小野神社・小野篁《たかむら》神社などがあり、小野氏の氏神でした。

この神社の少し南に唐臼山《からうすやま》古墳があり、あたりを小野妹子公園と呼ぶようにこの古墳は妹子の墓と伝えます。かなり破壊されていて墳形もよく分かりませんが、出土遺物から七世紀前半の古墳と考えられます。妹子の墓であると確定はできませんが、そういう伝えが残っていることは大切にしたいものです。

◆三宅八幡宮と小野妹子

小野妹子は遣隋使《けんずいし》として有名ですが、日本から出発する時に病気になり、そこで宇佐《うさ》八幡宮《はちまんぐう》（大分県）に回復を祈願したところ成就、帰国後に上高野に住み、八幡神を勧請したのが三宅八幡宮だといいます。今、虫封じで全国の信仰を集めますが、古くはこのあたりは小野郷《おのごう》と称され、小野毛人《えみし》墓誌《ぼし》もこの地から発見されていて、妹子の居住は確認できないですが東に比叡山を越えた大津市小野とならんで、小野氏のもうひとつの故郷《ふるさと》でした。

三宅八幡宮

◆上高野の小野毛人墓

遣隋使《けんずいし》の小野妹子、毛人《えみし》はその子です。経歴の詳細は不明ですが毛人の子の毛野《けの》も遣新羅使《けんしらぎし》になっていて、彼もあるいは外務官僚だったかもしれません。その毛人の墓が、京都市左京区上高野にあります。彼の墓誌《ぼし》がここから発見されていて、ここも小野氏の本拠地の一つでした。水運・海事やまた外交などに活躍するこの氏族の出身ですが、墓誌には天武天皇の時代の朝廷に仕えた一般行政官の経歴しか見えていません。

小野小町や小野道風《みちかぜ》、歌人や文人として有名ですが、まぎれもない京都貴族です。二人の生きた平安時代でも氏族の本拠地は大津市でしたが、首都の京都にも進出していました。一族のありようは変ってきてはいますが、たとえば小野篁《たかむら》は遣唐使に任命されましたし、好古《よしふる》は武将として藤原純友《すみとも》の乱鎮圧にも従事します。軍事をも含めた対外関係に活躍するという小野氏の伝統は、平安時代にも引き継がれていたのです。

◆犬上郡の犬上御田鍬

犬上御田鍬《いぬかみのみたすき》は最後の遣隋使《けんずいし》・最初の遣唐使として二度も中国に渡った人で、名の通り滋賀県湖東の犬上郡が出身地です。外交には船の使用が必須ですし、犬上氏は琵琶湖でつちかったその技術を代々にわたって継承していました。妹子たちを出した小野氏と同じように、一族には対外交渉にあたっている人物が何人かいますし、琵琶湖というウミに生きることが、国際関係においても活躍する人材を輩出することになったのです。

小野毛人の墓　墓誌は金銅製で、1613年に発見されました。

◆平安時代の遣唐使

遣唐使は初回の六三〇年から最後の八九四年まで二十回ほど任命され、実際に渡唐したのは十六回です。平安時代では二度、最初は八〇一年で、四船に分乗して唐に向かいます。往路で遭難するなど苦労はありましたが、この時の遣唐使は最澄・空海というのちの日本仏教界を牽引《けんいん》する人物が出発、他にも三筆として書家の勇名をはせる橘逸勢《たちばなのはやなり》、通訳だった義真《ぎしん》（のち初代の天台座主）など、逸材たちが乗り込みました。

二度目は八三四年で、やはり往路で遭難があり、小野篁《たかむら》下船事件というごたごたもありました。何とか渡唐して素晴らしい文化移入がなされるのですが、帰国は新羅《しらぎ》の民間船を雇うなどして帰ります。派遣団の第二船は遠く南洋まで漂流、六〇〇人ほどの使節団でしたが、そのうち四割ほどの人命が遭難などによって失われました。遣唐使という国際交流が、こうした危険や犠牲と隣り合わせて行われていたことを忘れてはならないでしょう。

遣唐使のもたらした文物は、今に正倉院の宝物などに知ることができます。京都についていえば仏教経典や漢文学作品などがもたらされましたが、今も亀屋清永《かめやきよなが》で造られている揚げ菓子の清浄《せいじょう》歓喜団《かんきだん》があり、遣唐使が持ち帰ったと伝えます。

ですがこれらは、井上靖さんの『天平の甍《いらか》』にそのさまが生き生きと描かれていますが、使節になった多くの人々の苦難や犠牲のもとでのことであったことを見逃すわけにはいきません。歴史には、光の部分とあわせて、必ず影の部分があるのです。

◆小野篁の遣唐使拒否

小野篁《たかむら》はかなりの型破り人間で、ために名字の一字をとって「野狂《やきょう》」とも呼ばれました。遣唐使として唐に行くはずだったのですがこれを拒絶、隠岐《おき》（島根県）に配流されます。ほどなく許されますが、遣唐使の任命が必ずしも喜んで受けいれられたわけではないことを物語って興味深いです。昼は朝廷で政務、夜には冥界で閻魔大王《えんまだいおう》の裁判を補佐し、その往復には六道珍皇寺《ちんのうじ》の井戸を使ったといいます。破天荒人間らしい伝説です。

●小野篁

八〇二—五二。貴族かつ文人。遣唐使の副使で、二度出帆に失敗。大使藤原常嗣が自分の乗船と新造の篁の船を取り換え、これに抗議して下船。政権を批判して隠岐に流罪となる。やがて許されて帰京、参議となる。唐風文化全盛期で、多くのすぐれた漢詩文や短歌を作っている。

●隠岐のこと

一度だけ隠岐（島根県）へ行ったことがあるが、島の間を渡る船を待っていたとき、小さな犬を抱いた方と話した。本土、つまり島根へトリミングに行くのだが、風が強いので舟航しないかも知れないとのこと。たったそれだけの会話だったが、この島がどういう位置にあるのかを実感した。古代以来、流刑地であったことはよく知られるが、篁はむろん、中世の後鳥羽上皇や後醍醐天皇の苦衷がよく理解できる。いったんここへ流されようものなら、容易に帰還できないし、何とか脱出しようとした後醍醐天皇の想いもなるほどと思われる。当時にあってはそれほどに離島なのであり、だからこそともいえるが流刑地とされたのであった。

◆菅原道真の遣唐使〝廃止〟

遣唐使の廃止は、菅原道真の提言として有名で、どの教科書にも必ず取り上げられます。

彼が提言した根拠は中瓘《ちゅうかん》からの書状ですが、①唐王朝が衰退していて文化的にプラスになるようなものがもう得られない、②航海に海賊の襲撃や遭難・難破など危険が多すぎる、の二点です。最後の派遣となった遣唐使のひどい犠牲がそれをよく物語り、貴族たちも廃止を受けいれました。実際には民間貿易などは多くありましたし、代替するものはあったのです。

遣唐使廃止は八九四年ではない。どうして?と思われるでしょう。「廃止」つまり以後は派遣しないとは実はどこにも述べられておらず、さらにある史料には九一八年に派遣が計画されたと書かれているからです。

この時には唐はもう滅亡しているはずですから何か変なのですが、八九四年の〝廃止〟が、この時の派遣だけが中止されたものであったことは確かに事実でして、永久に停止するものではなかったのです。

◆唐王朝滅亡と国風文化

唐は九〇七年に滅亡します。遣唐使はなくなって公式の国家交流は途絶えましたが、以前からそうなのですが民間の交流・交易は、造船技術や気象知識の発達でますます盛んになります。日本産業の発達は遅れ気味でしたから、民間貿易でもちこまれた優美な舶来品に人々はむらがりました。新羅《しらぎ》商人が媒介することも多く、貿易管理はむろん国家がしますが、それをすり抜けた密貿易品も含めてたくさんの舶来品が流入しました。

遣唐使が廃止され、あわせて唐の滅亡によって海外との交流の道が閉ざされ、日本に国風文化が発達した、とよく言われます。

しかしこれは完全な誤りで、民間での海外接触は以前よりずっと盛んになり、その文化・文明は民際的《みんさいてき》なレベルでより進展しました。ともすれば遣隋使《けんずいし》・遣唐使などの華やかな国家間交流に目を奪われがちですが、民間で地道に、草の根的にもたれた交流と交渉のあったことを見逃してはなりません。

知っ得コラム

中瓘の書状

中瓘は生没年すら不明の僧侶だが、滞在していた唐から折に触れてその様子を日本に報じてきている。当時の日本の数少ない国際情勢の情報源であったようで、留学僧が単なる仏教修行者だけでないことにも注意が必要だし、こうした情報が朝廷に届けられるだけの便、つまり道真にこの書状をもたらした王訥《おうとつ》のような民間商人が東アジア世界に雄飛していたのだ。そうした彼の情報提供には代償として砂金が送られており、他にもそれが見られるので、「在唐僧」としか見えないものの、日本の国際情報の収集に大きな役割を果していた彼のような人々が多くいたことが予想される。

重層するアジアと日本

◆古代アジア世界の激動

平安時代も中ごろ、東アジア世界に激動が訪れます。

まず朝鮮半島の新羅《しらぎ》が滅亡し、新たに高麗《こうらい》が王建《ワンゴン》によって始められました。ただ再統一するまでには後三国《ごさんごく》時代と呼ばれる混乱、新羅時代の末期以後、後百済《ごくだら》・後高句麗《ごこうくり》、これに高麗が加わっての抗争を繰り広げます。やっと高麗が統一しますが、八世紀末からほぼ半世紀のこの混乱で、日本に多くの文化・文明をもたらした朝鮮半島は大きくその国力を低下させたのです。

北東アジアの情勢も動きました。朝鮮半島北部から中国東北地方にかけて存在し、「海東《かいとう》の盛国《せいこく》」として繁栄、日本と緊密な交流をもった渤海《ぼっかい》が、その勢力を低下させます。多民族国家なためもあって内紛を繰り返し、やがてモンゴル系民族の契丹《きったん》に滅ぼされました。使節来日は三十四回、派遣使節は十三回と、ほぼ二〇〇年間のその後半期はほとんどが貿易目的でしたが多くの文化人たちも来日し、日本文化にも影響をおよぼしました。

激動の極め付きは唐の滅亡です。

建国以来三〇〇年、紆余《うよ》曲折はあるものの東アジア世界の盟主としての地位にあった唐。衰退に向かってはいましたが、九〇七年に滅亡します。そのあと五つの王朝が次々に交代するという混乱を繰り返し、唐の時代に蓄積された高度な文化を失いました。こうした東アジア世界全体の混乱のなかで日本だけはいわば平和だったのでして、そのなかで国風文化が成立することに注意せねばなりません。

◆「大和魂」の成立

この「大和魂《やまとだましい》」、戦前・戦中によく言われましたが、勇猛果敢で死をも恐れない日本固有の精神をいいます。しかしもとはそんな意味ではなく、漢才《からざえ》、つまり中国的な知識に対する、日本的で実務的な知恵や才能のことです。

『源氏物語』に見えるのですが、なぜこの頃に成立する言葉なのでしょうか。外国文化との接触が増え、それにともなって日本文化とは何かが強く意識されるようになったからだと私は考えています。

紫式部は、父の赴任に同行して越前（福井県）に向かいました。ちょうどその頃宋《そう》の商人が滞在、父はその商人と詩を交わしており、式部もその端に連なったのかもしれません。彼女は幼時から秀才で、父が男に生れたらよかったと嘆いた話は有名です。『源氏物語』にも漢籍の引用が多くあり、豊かな海外知識を持っていました。そうした学びのなかで日本を深く意識するようになり、大和魂という言葉を自然に使ったのでしょう。

紫式部の滞在した越前は、北陸道で滋賀・京都とつながっていました。越前の文化はこの道を通ってもたらされました。日本海を横断して対岸の渤海《ぼっかい》や高麗《こうらい》などの文化が伝わることもあり、越前はいわば日本の表玄関でした。この北陸道の道はそれなりに残っていて、式部が歩き、海外文化の通った道を、今もたどることができます。

とりわけ東山区蹴上《けあげ》から東に向かって続く旧道は古い街道の様子をとどめていて、私の好きな道です。

まんろう先生の深掘りコラム

井上満郎（いのうえ・みつお）

菅原道真の遣唐使〝廃止〟提言

民間が伝えた唐の衰退

菅原道真は学者としてよく知られていますが、遣唐使の〝廃止〟を提案した政治家としてもたいへん有名です。

遣唐使が二〇〇年間、日本と中国を結ぶ大切な絆だったことはいうまでもありません。当時の中国は東アジア世界で最も先進的な文明国でしたから、日本に限りませんがその国に学ぶことによって、歴史と文化を発展させていったのです。

菅原道真を祀る北野天満宮。「文道の祖」とたたえられ、政治家として右大臣にまでのぼりました（京都市上京区）

最後の遣唐使任命は八九四年でした。長官は菅原道真で、ところが彼はその中止を提案します。提案の根拠は、中国に仏教を学んでいた僧侶の中瓘《ちゅうかん》から朝廷に届いた書状でした。

その書状の届き方が興味深く、唐の民間貿易商人があずかってこれを日本に届けたのです。遣唐使は公式な日中の国交でしたが、それとは別にこうした民間の交流・交渉が頻繁にあったということでして、遣唐使だけが日本と、中国あるいは東アジアとをつないでいたわけではないのです。

中瓘が言ったのは、相手国の唐が衰退しているということです。遣唐使派遣の主な理由は、唐が先進的な文化・文明を保持する国だからで、それを輸入するのが目的でした。その唐が衰え、学ぶべきものを失っているなら、たしかに派遣の意味がなくなります。

小野篁は遣唐使を拒否し、隠岐に流されました。京都観世会が復曲した能「篁」はこの事件をモチーフに、豪壮な舞で憤怒を表しています（2020年12月23日、左京区・京都観世会館）

最終的な唐の滅亡は九〇七年ですが、道真の提案の頃はその最末期で、反乱が相ついでいました。なかでも黄巣《こうそう》の乱は十年も続き、唐が長い治世で蓄積したさまざまな文化・文明が大きく減退していました。

それに加えて道真が言ったのは、航海の危険です。東シナ海を一気に横断する南路《なんろ》をとってからは遭難が増え、往路・復路ともに無事だったのはわずか二度にすぎませんでした。

さらには海賊です。造船技術の発達と航海技術の進歩は、同時に海賊たちの活動をも盛んにし、たえずその危険にさらされました。財産はもちろん、生命の危険すら多発したのです。

こうした派遣のメリットとリスクとを考え合わせてみると、政治家として中止という選択肢が登場するのは当然でして、道真はこうした冷静な判断のもとにこの提言をしたのです。以後、一四〇一年に日明《にちみん》国交が開始するまで、日本と中国の公式の国交は断絶します。

でもそれは、日本と中国の交流・交渉がなくなったということでは決してありません。道真に情報をもたらしたのが民間貿易商人であったように、遣唐使という公的な仕組みがなくても、文化・文明を導入する民際的な交流・交渉が存在したことが見逃されてはならないでしょう。

◆『源氏物語』と海外文化

『源氏物語』にかぎりませんが、平安時代の文学作品にたくさん引用されている漢籍は『白氏文集《はくしもんじゅう》』です。中国唐代の代表的詩人白居易《はっきょい》（白楽天《はくらくてん》）の詩文を集成した作品集です。楊貴妃《ようきひ》の悲劇をうたった「長恨歌《ちょうごんか》」は特に有名ですが、他にも『史記《しき》』『文選《もんぜん》』、また経典なども引用されています。彼女の学識のほどが伝わってきますが、当時は女性に官僚・政治家への道はないに等しく、それでも勉強した彼女の意欲・能力がいかに高いものであったかを知ることができます。

宇治川の畔に佇む紫式部像　『源氏物語』の最後の部分が宇治を舞台にしていることにちなんでここに式部像が設置されました

『源氏物語』に登場する〝外国〟は、中国ばかりではありません。「桐壺《きりつぼ》」には「高麗人《こまびと》」の有能な人相見《にんそうみ》がいたとありますし、「梅枝《うめがえ》」にも高麗人の献上した錦・綾などが見えます。式部の時代でいえば朝鮮半島の高麗《こうらい》をいいますが、たしかに漂着も含めて接触はありましたので、この国も彼女の海外知識のもととなったでしょう。『宇津保物語《うつほものがたり》』にも高麗人と文章を交わしたという記述があり、中国とともにたいせつな海外の国でした。

◆大和絵と倭歌

大和絵《やまとえ》は唐絵《からえ》と対をなす言葉で、唐つまり中国絵画を意識してこの言葉は成立します。日本の絵画はむろん飛鳥時代以前からありますが、それを大和絵とは呼びません。

倭歌《やまとうた》も、「唐《から》の歌」つまり中国の漢詩に対応するものです。『万葉集』にも「倭歌」という表現は見えますが、中国を意識して「日本の」という意味で「やまと歌」が登場するのは、大和絵と同じように平安時代になって海外文化の流入が激しくなってからのことです。

◆「京都」は漢語地名

「京都」という言葉は日本語ではありません。漢語でして、それだけでもアジアとの深い関係が分かりますが、単に都のことをいいます。要するにその時々の首都をいう言葉なのです。飛鳥が都の時代は飛鳥が「京都」、奈良が都の時代は奈良が「京都」、というわけです。いわば一般的な名詞だったのですが、やがてそれが今の京都を指す固有名詞になっていきました。歴史の多様な展開のなかで地名「京都」は成立したのです。

平安京は、中国の長安《ちょうあん》（現在の西安《シーアン》）をお手本にしています。漢代から唐代にかけて、長いあいだ首都としての歴史を刻みましたから手本には適切で、その都市計画の原理が持ち込まれました。左右対称、南北方向、周囲に城壁、などがそれです。

でも実は、そのままにコピーしてはいません。国や社会の仕組みが異なりますから当然で、大きさは長安のほぼ三分の一、城壁もほとんどまねていません。モデルとしながらも、日本の実情に合うように受けいれたのです。

今でも洛中・洛外という言い方がよくされます。この「洛」とは中国のもう一つの都だった洛陽《ルオヤン》のことで、平安京は東半分と西半分が別の行政単位でしたが、東を洛陽、西を長安と呼びました。また京内にも中国に借りた地名を付けましたが、銅駝坊《どうだぼう》・光徳《こうとく》坊・崇仁《すうじん》坊などがそれで、それらは小学校などの名前として使われました。その当時の京都にとって、いかに中国文化へのあこがれが強かったかを知ることができます。

◆羅城門と明徳門

羅城門《らじょうもん》、多くの皆さまは時代を平安時代にとった黒澤明監督『羅生門《らしょうもん》』でご存じだと思いますが、崩れかけた羅城門が映像化されていました。この門は長安《ちょうあん》の明徳門《めいとくもん》をモデルとしますが、同じように堂々たる都の正門を目指して平安京にも造られました。ただ平安京には羅城（城壁）が南面の、それもほんの一部にしかなく、ですので羅城門に正門の意図はあっても現実にはまったく機能せず、映画のようにほどなく崩壊したのです。

◆羅城はあったか

羅城は、都の周りにめぐらされた城壁です。中国長安《ちょうあん》に源流がありますが、平安京でも設けられました。城壁ですから防御機能を持つはずなのですが、平安京の場合はごく一部に、形式的にしか築かれなかったのです。平安京は長安の模倣だとよく言われますが、けっしてそのままにまねたのではありません。異民族の絶えざる侵攻に悩まされた中国と比べて日本は平和で、周りすべてに城壁を回らす必要がなかったのです。

羅城門跡碑

◆「唐橋」は韓橋か

京都駅の少し南くらいに唐橋《からはし》という地名があります。眼を引く姿の橋が架けられていたからでしょうが、そのカラが中国風なのかそれとも朝鮮風なのかは分かりません。古代日本ではカラといえばそれは外国のことで、文字のほうはあまりあてにならないのです。ただこう表現される以上は異国風のデザインであったことだけは確かで、平安京正門の羅城門《らじょうもん》のすぐ南ですし、目を見張るような意匠の橋が架かっていたのではないでしょうか。

◆播磨の秦氏一族

京都・滋賀には秦氏という共通の渡来人伝統があります。その氏神がオオサケ神社で、彼らの居住地に多くみられます。播磨にもいくつかのこの神社があり、特に坂越《さこし》（赤穂市）のものが興味を引きます。境内には秦氏の子孫を称する宮内庁楽人の東儀《とうぎ》・岡といった名前の奉納絵馬も見受けられますが、ここには秦河勝《はだのかわかつ》の墓があるのです。神社対岸の生島《いきしま》にあり、一度だけ渡ったことがありますが神域として大切に守られています（七七ページ参照）。

秦氏などの渡来人、私には解決できていない課題があります。在来の人々との関係です。史料の上では渡来と在来が対立したという記載は、まるでありません。ですが『播磨国風土記《はりまのくにふどき》』には渡来の天日槍《あめのひぼこ》と在来の伊和大神《いわのおおかみ》が抗争したと何カ所も見え、神々に在来vs渡来の構図があったことは、それぞれの神を奉祭する人々も対立した、ということになるのですがその兆候はこの風土記以外に見つからないのです。

◆日本化していく道路名

錦小路《にしきこうじ》・綾《あやの》小路・油《あぶらの》小路、私は商品名道路と呼びますが、これは国家が付けた名前ではありません。平安中期、市民生活が活発になってくる頃、市民が錦を売っている店があるというので錦の小路と呼びはじめ、やがてそれが定着します。市民的に、自然に成立した地名だからこそ現在にまで受け継がれてきたのです。たしかに京都は中国長安のコピーから始まりましたが、こうして市民の町京都へと発展していったのです。

商品名道路

こう呼ぶ概念が学術的にあるわけではないが、最古の平安京の地図である「九條家本延喜式附図」（東京国立博物館蔵）と呼ばれるものを見ると、そこには錦・綾・油のほか、塩・針・櫛笥（櫛を入れる箱）もある。命名の起源はそれぞれに不明だが商品名にちなむことだけは確かであり、興味をそそう。このような道路名が国家や行政によって付けられるはずはなく、たとえば錦小路は平安京当初の都市計画では「四条坊門南小路」と呼ばれていたはずで、数字や方角で表示するこちらのほうが行政的に汎用性が高く、「錦小路」ではそこを知っている人間にしか場所は特定できない。だから京都では「丸竹夷《まるたけえびす》二《に》押《おし》御《お》池《いけ》　姉三六角蛸錦《あねさんろっかくたこにしき》」といった歌でこれらの道路名を覚えてきたのだが、ともかくこうした商品名道路は、そこを暮らしの場とする都市住民によって付けられた名称なのであり、だからこそ今にまで市民によって使用され続けているのだ。

◆朴市秦田来津の奮戦

朴市《えち》は愛知郡《えちぐん》の愛知で、現在の滋賀県愛荘町あたりに住んだ秦《はだ》氏の支族です。謀反に参画したりしましたが、のち日本古代最大の海外戦争の白村江《はくすきのえ》の戦いに従軍します。『日本書紀』によれば滅亡した百済の再建のために二万七千人が派兵されたといいますが、結局は唐・新羅《しらぎ》の連合軍に敗北。百済の遺臣内部に乱れもあったのですが、白村江で最後まで奮戦して戦死しました。韓国西部、錦江《クムガン》の河口あたりと考えられますが、外国で彼はその生涯を閉じたのです。

白村江《はくすきのえ》では確かに敗北しました。しかしわが国にとってただ敗戦だけに終わったわけではありません。この唐・新羅の侵攻は日本に及ぶ可能性もあって、まず防衛の手段を講じる必要にせまられました。対馬から大和・河内の境までに二十カ所もの山城建設を余儀なくされ、膨大な財源を費やします。しかし他方ではこの時の危機感が国内体制の急速な整備を促し、統一的で中央集権的な国家形成への歴史を歩むことになりました。

愛荘町に依智秦《えちはた》氏の里古墳公園があります。あたりには金剛寺《こんごうじ》野《の》古墳群と呼ばれ、かつて三〇〇基ほどの古墳がありました。今は一〇基を残すだけですが、依智秦氏（朴市《えち》秦氏）の墓域だったと考えられています。秦氏といえば京都がよく知られますが、近江にも大きな勢力を扶植していたのです。証明はできませんが田来津は秦河勝《はだのかわかつ》の子だという伝承もあり、同じ秦氏として京都・滋賀の間に何らかの交流があったのかも知れません。

◆カモ上下神社と秦氏

賀茂の神といえば、誰しもが平安王朝の華麗な葵祭を思い浮かべます。この賀茂祭《かものまつり》と渡来人との関係はあまり注意されないのではないでしょうか。秦《はだ》氏には「秦氏本系帳《はだしほんけいちょう》」といういわば家系図があり、そこに賀茂祭は本来秦氏の奉祭だったが、秦氏の女婿となった賀茂氏にこれを譲った、と書いています。史実性についてはかなり問題が残るのですが、渡来と在来の人がともに一つの祭礼を奉仕したことが知られて興味深いです。

◆藤原貴族と秦氏のつながり

桓武天皇のブレーンで、不幸にもやがて暗殺されますが長岡京遷都に大きな力を尽くした藤原種継《ふじわらのたねつぐ》という人がいます。この種継の母は秦朝元《はだのちょうげん》の娘で、渡来人の血を濃く引いているのです。そこで長岡京建設の資金を母の実家である秦氏に頼ったという説が出るのですが、検討課題は残りますが一族の経済協力はおそらく事実で、ここからも日本の首都長岡京と、渡来人との関わりの深さを知ることができるように思います。

平安京建設の最高責任者の一人は藤原小黒麻呂《ふじわらのおぐろまろ》でした。あまり有名とは言いがたいのですが、長岡京・平安京ともにそこが適切な場所かという事前の土地視察、すなわち「相地《そうち》」に行っていますし、造営事業そのものにも大きな役割を果たしました。史料には「造平京使《ぞうへいきょうし》」と見えています。妻は恭仁京《くにきょう》建設に多大の貢献をした秦島麻呂《はだのしままろ》の娘で、この婚姻が母の実家秦氏の経済力を目指してのものかは不明ですが、興味深いところです。

◆河内交野での郊祀

郊祀《こうし》は中国から学んだ祭祀《さいし》で、都の南の郊外に壇を築いて天帝《てんてい》を祀《まつ》ります。桓武天皇が七八五年と七八七年に行い、当時の都は長岡京で、その南の交野《かたの》（大阪府交野市・枚方市）でもたれました。中国では天帝とあわせて王朝の始祖を祀りますが、桓武は父の光仁《こうにん》天皇を祀り、父から新たな王朝が始まり、新たな政治が行われるのだということを宣言したわけでして、桓武天皇の、時代を切り開く意気込みが伝わってくる儀式です。

なぜ桓武天皇はこの祭祀《さいし》を唐から導入したのでしょうか。新王朝樹立宣言なのはその通りだと思いますが、それ以上に奈良時代に激しかった政治の動揺をしずめ、真に平和で安定した国を築こうとしたのではないでしょうか。桓武は四半世紀にわたって政権を運営しますが、その最大の課題は混乱の歴史の終息でした。長年続いた奈良の都を京都に移したのもその一つですし、郊祀《こうし》も桓武政治全体のなかで考えてみる必要があります。

郊祀

古代の宮廷祭祀。日本では三度の例がみられるだけで、定着しなかった。中国唐では皇帝みずからが祭礼を執行するが、日本では代拝、それも唐よりも身分の低い大納言で、唐で代拝の場合に派遣されるのは皇帝の政務を直接に輔佐する大臣クラスである。日本で真似たものの、実質は異なるという意見も強い。

◆平野神社の今木神

飛鳥のある奈良県高市郡は、かつて今来《いまき》郡といいました。平野神社の祭神の今木神《いまきのかみ》もこの今来で、「新《いまき》」とも表現されるように、新たにやって来たという意味です。つまり新来の渡来人たちの祀《まつ》る神なのでして、渡来人と神社の関係では大まかにいって、①渡来人が在来の神を祀る、②渡来人が渡来の神を祀る、の2パターンがありますが、京都市北区のこの神社は明白に渡来人が自分たちの神を祀ったということで注意される神社です。

平野神社は平安時代になってこの地に祀《まつ》られた神社です。桓武天皇の母が渡来系氏族で、この天皇が平安京に遷都したゆかりで祀られました。

主祭神は渡来の神の今木神ですが、あわせて久度《くど》神・古開《ふるあき》神・比売《ひめ》神を祀ります。やがて信仰の裾野は大きく広がり、源・平・菅原・秋篠《あきしの》といった名族の祖先神として崇敬されて現在に及びます。はじめ飛鳥の渡来人の神だったものが、桜の花見で全国に知られる有名神社に発展したのです。

◆神護寺・乙訓寺の空海

空海はあしかけ三年の唐留学を終えて帰国後、十年間、神護寺（京都市右京区）と乙訓寺（京都府長岡京市）を拠点とします。神護寺は高雄山寺《たかおさんじ》とも呼ばれ、清浄な山間にある山岳寺院でした。乙訓寺は人里に近く、救済すべき民衆のいる地です。この間、最澄との交際、精力的な執筆活動など、全精力を傾けて唐で得た新しい仏教の普及と拡大にあたります。やがて高野山と東寺を拠点とする新たなステージに進みますが、帰国当初の空海を考えるうえで重要な場所です。

◆『新撰姓氏録』の編さん

平安時代の初め、『新撰姓氏録《しんせんしょうじろく》』という氏族リストが作成されました。皇別《こうべつ》・神別《しんべつ》・諸蕃《しょばん》の三つに分類され、この諸蕃が渡来人です。ほぼ三割を占めていて、極論なのですが当時の人口の三〇％が渡来人だったということになります。渡来人というと〝外国人〟と置き換えることが多いのですが、とてもこの言葉でくくれないほどたくさんの渡来人が日本にはいて、渡来・在来がともに日本の歴史と文化を形成していたのです。

◆桂離宮あたりの渡来人

八九六年、桂離宮近くかと思われますが土地売買が行なわれ、その証文が残っています。売主は秦氏《はだし》、買主も秦氏、取り仕切った役人も秦氏、保証人（この場合は近隣の立会人）も九人すべてが秦氏です。一〇〇％秦氏だったのでして、このあたりの秦氏居住の濃密さが分かります。おそらくは五世紀頃の葛野大堰建設での勢力拡大までその原因はさかのぼるのでして、渡来人秦氏の開発伝統の根強さがよく知られます。

◆張宝高の活躍

日本で張宝高《ちょうほうこう》と呼ぶ張保皐《チャンポゴ》は、新羅《しらぎ》人です。朝鮮半島南西部の莞島《ワンド》周辺の島々を拠点とし、円仁《えんにん》の唐からの帰国に援助を惜しまなかったことでも知られますが、日本・唐との民間貿易に大活躍しました。半島と中国との間の黄海《ファンヘ》の海上支配権を掌握して膨大に蓄財、ついには政治にも進出するのですが失敗、暗殺されました。東アジア海域での商業活動は、それほどの利益をもたらす経済基盤を形成していたのです。

東アジア海域に活躍した張宝高《ちょうほうこう》は、新羅《しらぎ》の清海鎮《チョンヘジン》大使の称号を得て、朝鮮半島から中国・日本を股にかけての国際貿易に活躍しました。半島南岸地帯は地図を見ればすぐ分かりますが多島海《たとうかい》で、多くの島々が点在しています。その島々が彼の舞台になったわけで、東アジア諸国はこうした活動によってまさにつながっていたのです。今その根拠地の将島《チャンド》には遺跡が復元され、また木橋が架けられて手軽に行けるようになりました。

●**青海鎮遺跡**

筆者がここを調査したときはまだ橋が架けられておらず、干潮時に陸続きになるのでそのタイミングをねらっての訪問であった。新羅人張宝高は東アジア世界を股にかけて活躍するが、その拠点がここである。新羅国から公的に軍事権限を付与されて活躍するのだが、当然彼と同じような商人、といっても時に海賊行為を働くのだが、それとも対抗するうえで青海鎮大使という公的権限は大きな意味を持った。島内に復元された楼閣に立つと、彼の活躍の姿が髣髴と浮かんでくる。一〇〇ページ写真を参照。

◆最澄は渡来系氏族出身

もうずいぶんと前ですが、最澄は朝鮮半島からの渡来人の子孫だと書いたところ、ある新聞社から電話で中国の皇帝の子孫と史料にありますが、とのこと。

最澄ははっきりしているのですが三津《みつ》氏の出身で、確かに中国後漢の孝献《こうけん》帝の子孫だと史料にあります。ですが実はそれは後付けでして、この氏族は大津市あたりに居住した渡来人でした。朝鮮半島出身よりも、中国皇帝子孫を名乗るほうが有利だった時代での操作なのです。

最澄は得度《とくど》の時の記録が残っていて、そこに近江国滋賀郡古市《ふるいち》郷《ごう》の居住で、俗名は「三津首広野《みつのおびとひろの》」とあります。生れ育った古市郷は、大津市の南部あたりらしく、坂本の生源寺《しょうげんじ》がその地といい、産湯の井戸もあります。当時は国家の認定を得て初めて僧侶になれる仕組みで、近江の国分寺の僧侶が亡くなり、欠員補充として東大寺で十八歳での得度と伝えます。

近江の空気をたっぷりと浴びて成長し、多くの期待を背負って僧侶になりました。

◆最澄・空海の中国留学

説明を要しない有名人ですが、ともに海外と深い関わりのある人物です。最澄は当時の出家の通例として東大寺で受戒《じゅかい》、直後に故郷の比叡山に入って草庵を結び、山林修行などののち入唐。一カ月ほどでしたが仏教の本場ともいうべき天台山国清寺《こくせいじ》（中国浙江省）で修行、天台の教えを授けられます。天台宗開宗の原点となるわけですが、唐で膨大な経典を収集して持ち帰り、これがその後の日本仏教の大きな財産になりました。

空海は官僚になるべく讃岐（香川県）から上京しますがあき足らず、大瀧《おおたき》（徳島県）や室戸（高知県）の厳しい山林修行を経て、最澄と一緒に入唐。その直前の受戒なのでキャリアは最澄に比べてずっと浅いのですが、懸命に修行に励みました。唐では最澄と異なり唐の首都長安の青竜寺《せいりゅうじ》で、密教の教えを授けられます。事情があって足かけ三年で帰国しますが、伝えた密教は国内で熱烈に支持され、真言宗の基盤を築きました。

◆京・近江をつなぐ天台文化

延暦寺は申すまでもなく天台宗の総本山です。境内が位置するのは大津市と京都市ですが、中国の天台山で教学を修め、帰国後に天台宗を始めた最澄が近江側の麓あたりの出身だったこともあって、近江とのかかわりが深いのです。布教も全国に行われますが、滋賀は天台の里といえるくらい天台宗が広がりました。もちろん京都にも帰依した人々は多かったですから、京都と近江とを結んだ重要な絆だったのです。

まんろう先生の深掘りコラム

井上満郎（いのうえ・みつお）

「京都」はいつ京都になったのか
市民生活の展開で定着

　京都。なにげもなくこの言葉を使います。現在の京都という地域を示します。

　日本のミヤコをあらわす言葉が「京都」なのですが、これは日本語ではなく輸入された漢語で、中国ではごく古い時代から首都の同義語として使用されています。

　日本でもそれにならって、その時どきのミヤコのある場所を「京都」と呼びました。京都が平安京として成立する以前の書物である『日本書紀』に四度、また『万葉集』にも二度登場しますが（日本語での表現を大切にした『古事記』に登場しないことも注意されます）、例えば『日本書紀』の景行天皇（日本武尊《やまとたけるのみこと》の父）の巻に見える「京都」は奈良にある都のことで、むろん現在の京都ではないですし、読み方はどれも「みやこ」で、「きょうと」とは発音しません。

　では「京都」が「きょうと」と読まれ、現在の京都を指す固有名詞になったのはいつなのでしょうか。

　実はこれがよく分かりません。国家によって命名されたのなら記録も残るでしょうが、ごく市民的に呼ばれ始めたものなのでして、時期を特定することができないのです。

　私が注目しているのは一一三五年の史料で、煩わしい紹介はさけますが、そこに「京都宮処」という表現があります。

　申したように「京都」の読みは「みやこ」ですが、音読しないかぎり「宮処」は「みやこ」としか読みようがありません。そうすると「京都宮処」は「みやこみやこ」と重なってしまい、意味をなさないのです。ですのでここは「きょうとみやこ」あるいは「きょうとのみやこ」と読むほかなく、ここに現在の京都が「きょうと」と発音されるようになったと考えていいのではないでしょうか。

　問題は、それがなぜこの頃なのかということです。「京都」を地名として成立させた何か原因というか、背景があるはずです。

　私が商品名道路と呼ぶ道があります。京都の錦小路《にしきこうじ》・綾小路《あやのこうじ》・油小路《あぶらのこうじ》・塩小路《しおこうじ》などがそれです。この名称もいつ決められたとか、そういうことはまったくなく、市民があそこは錦を売っている店があるから錦小路だ、とか言いはじめてそれがやがて定着したのです。平安京ができて二〇〇年ほども後のことです。市民生活の展開とはそういうものでして、暮らすのに便利なように市民は道路名をも付けていったのです。

　普通名詞の「京都」が、今の京都を指す地名になったのもこの頃です。国家・政府がそう決めたのでなく、こうした市民生活の広範な展開が、もとは中国の言葉であった「京都」を、地名として定着させたのだということを見逃してはならないでしょう。

京都アスニーに展示されている平安京模型。平安時代400年を凝縮した模型で、カタチとして提示された唯一のものです（京都市歴史資料館蔵）

錦通りの風景。市民の市場としてにぎわいます。江戸時代から市民生活と密着して今にいたります（2023年3月7日、京都市中京区）

◆日本仏教の母山比叡山延暦寺

いつごろから言われだしたのでしょうか、延暦寺は日本仏教の母山《ぼざん》、生みの親の母なる山と呼ばれます。ここに寄り集った僧侶には国際色豊かな人物が多く、開祖の最澄はむろん、初代天台座主の義真、また円仁《えんにん》・円珍《えんちん》、さらには成尋《じょうじん》など中国に渡った僧が多くいました。彼らによって、いわば本場のかつ最新の仏教がここにもたらされ、多くの僧侶が修行に訪れる寺、母山となったのです。その背後には明らかに国際性がありました。

現在の日本人の仏教の中心は、鎌倉仏教と呼ばれる鎌倉時代に開かれた宗派です。

それらの宗派のなかでは浄土宗と浄土真宗が多くの信者を獲得していますが、その宗祖の法然《ほうねん》・親鸞《しんらん》、日蓮《にちれん》宗（法華宗）の日蓮、禅宗では臨済宗の栄西《えいさい》、曹洞《そうとう》宗の道元《どうげん》、いずれもが比叡山で修行し、新しい宗派を開きました。文字通りに母山なのです。

「論湿寒貧《ろんしつかんぴん》」、比叡山のモットーです。論、すなわち仏教の教えを基本とし、厳しく慎ましやかな環境での真摯な学問と修行、今もそれは続いています。

◆東寺の立体曼荼羅

弘法大師空海は、密教をもたらしました。密教そのものは以前からありましたが、体系的なものを伝えたのが空海です。ただその教えは難解で僧侶以外には容易に理解しがたく、人々にも近づけるものにしようと努力します。その一つが、仏の無辺な宇宙がそこに籠められ、絵画化された曼荼羅《まんだら》の唐からの持ち帰りです。全ての仏の根本をなす大日如来を中心に、複雑な仏の世界が色彩豊かな絵でもって人々に迫ります

仏像は、語弊がある言い方かもしれないですが人に見られるものです。むろん信仰対象としてですが、その神々しいお姿に感動してはじめて、次の信仰へと段階を進みます。仏の慈悲と救済が身近に感じられてこその仏教への信仰ですから、まずその入口を誰にでも通れるものにしなければなりません。何百の難しい説明より、一つの直感です。空海が偉大な宗教者であるのは、現実の人間存在を第一に考えたことにあるような気がします。

空海は密教世界を立体的に、いっそう人に分かるように表現しようとし、創案したのが立体曼荼羅《まんだら》です。

確かに絵画という二次元より、奥行きのある三次元のほうが人には訴えるところ、感じられるところが多いでしょう。絵では雑然としている数多くの仏を、根本仏の大日如来を中心に二十一体に象徴させた密教世界。東寺の講堂へ入れば、今すぐに浸ることのできる仏の世界です。言葉より、まず仏を身近に感じることなのです。

◆日本初の禅宗寺院

檀林寺《だんりんじ》は、奥嵯峨に今ひっそりとたたずみます。現在の寺は昭和に再建されたものですが、嵯峨天皇の皇后で檀林《だんりん》皇后と呼ばれた橘嘉智子《たちばなのかちこ》の創立した日本最初の禅宗の尼寺でした。開山は唐人の義空《ぎくう》で、ここにも国際的な京都が知られます。禅宗は中世に臨済《りんざい》宗・曹洞《そうとう》宗の伝来で全盛期をむかえるのですが、すでに飛鳥時代には伝わっていました。ただ古代にはあまり受容されず、この寺も平安時代中ごろには廃絶したようです。

平安時代といえば華麗な国風文化が想像されますが、檀林寺《だんりんじ》の創建された嵯峨天皇のころは中国風の文化が尊重されていました。平安時代は唐文化への傾斜から始まったのです。漢詩文が全盛でしたし、そのなかで三筆《さんぴつ》と後世呼ばれる能書家たちも誕生しました。嵯峨天皇・空海・橘逸勢《たちばなのはやなり》をいいますが、一見しただけではほとんど中国の書風で、そうした先輩の書に学びながら、やがて和風の書家たちが成立してくるのです。

三筆と三蹟

ともによく知られており、教科書にも必ず登場する。書道の達人で、いずれも後世の人がこう呼んで讃えたものだ。唐風文化最盛期の三筆の書体は書聖と尊ばれた王羲之《おうぎし》（三〇七?—三六五?）を頂点とする書体で、嵯峨天皇・空海の作品は残るが、橘逸勢の実作品は残っていない。小野道風《みちかぜ》・藤原佐理《すけまさ》・藤原行成《ゆきなり》の時代では国風書体ということになるが、「三蹟」という概念は江戸時代に書道が発達するにつれて成立したもので、寺子屋教育などを通じて彼らの書体は後世の書道の手本となった。

◆新羅善神堂の成り立ち

新羅善神堂《しんらぜんじんどう》は園城寺（三井寺）の境内にあり、新羅明神《しんらみょうじん》を祀《まつ》ります。園城寺はもとは渡来系の大友氏の氏寺らしく、神社もその当時からのものという説もありますが、現在のように盛んにしたのは智証大師円珍《ちしょうだいしえんちん》です。唐からの帰途この神の啓示を受けて、帰国後に境内に祀ります。帰路は不明ですが、新羅《しらぎ》の沿岸を航行したのでしょうか。ともかく神として祀るのですが、明治の神仏分離で仏教的な「堂」を称して今にいたります。

天台寺門宗《じもんしゅう》の開祖の円珍《えんちん》を守護するほどの強い力を持つ神ですので、武神としても崇敬を受けました。戦勝祈願などがそれですが、なかでも武士の源義光《みなもとのよしみつ》が新羅明神《しんらみょうじん》の神前で元服したことはよく知られています。そのために新羅三郎《しんらさぶろう》義光と称されますが、武士といえば八《はち》幡《まん》神というのが通例のなかで珍しいケースです。もとは朝鮮半島の神だったとしても、強い神威のゆえにこうして、いわば日本化を遂げていったのです。

新羅善神堂。祀られている新羅明神坐像は平安時代のもので、国宝。社殿は南北朝時代のもので同じく国宝。（大津市園城寺町）

まんろう先生の深掘りコラム

井上満郎（いのうえ・みつお）

平安時代は〝鎖国〟だったか
民際的な交流は豊か

遣唐使の廃止は、たしかに日本歴史上の重大な出来事でした。当時の東アジア世界で最大の国の中国との国交、それは遣隋使・遣唐使たちが苦難のすえに打ち立てたものですが、それがここで絶えたのです。

日本の歴史にもそれは大きな影響を及ぼし、今はさすがにそこまではないですが、かつてはこれによって日本はいわば鎖国状態となり、外部世界から閉ざされた結果として、日本列島内に国風文化が成立した、と説明されてきました。

それは実は当然でして、古い時代の日本の歴史学は、日本列島内だけでその発展を説明するというのが普通だったのです。ですから遣唐使廃止で日本が国際的に孤立し、しかたなしに国内だけで日本的な文化、つまり国風文化ができたのだ、というわけです。

でもこの見方には大きな欠陥があります。国家と国家との付き合い、つまり外交のありようだけで、国風文化という歴史を語ろうとしていることです。国と国、あるいは地域と地域の関係のなかで、外交はいわばその一部にしかすぎないのでして、民《たみ》と民との関係、つまり民《みん》際的な視点を欠いています。

遣唐使以外にも、その日中の交流はありました。民間での人と人の交流も、文物の流れもあったのです。それこそそれは縄文・弥生時代にもさかのぼるのでして、国家と国家の交流がはじまるよりもはるか以前からのことです。

遣唐使の時代でも同じでして、むろん国家による貿易の管理・統制の仕組みはありましたが、それさえ守れば外国との交易は禁じられていませんし、当時の日本人には舶来品をこぞって珍重する風潮もあって、民間貿易はむしろ積極的に行われていました。

こうした貿易に関わった人物として知られるのは、日本名を張宝高（?～八四一年）という新羅人です。朝鮮半島の南西部全羅南道《チョルラナムド》沿岸に勢力を張り、そのなかの将島《チャンド》を中心にします。そして、半島はむろん中国・日本を含む東アジア世界を股にかけて活躍しました。中国では山東省の赤山《せきざん》に、また日本では博多に支店をかまえたようです。

彼は唐時代の人物ですが、その後には宋の商人もしばしば来日して文物をもたらしましたし、「鎖国」などという状況とはおよそほど遠いものでした。民際的な国際交流は実に豊かだったのでして、そうした交わりから真の日本というものが見つめなおされ、そのなかで国風文化が形成されたことを見逃してはならないでしょう。

将島の風景。張宝高の本拠地のあった島です。かなり復元が進んでいます＝著者提供

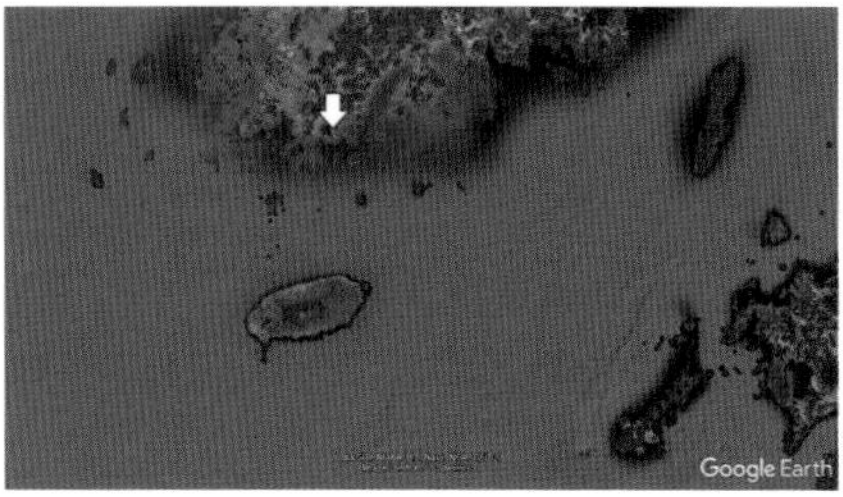

朝鮮半島（上）の南海岸には多くの島々があり、海民はそこを拠点に活動しました（矢印の先が将島、右下は九州）

◆入唐求法巡礼行記の物語

円仁《えんにん》は遣唐使に同行して唐に留学しました。当時は晩唐《ばんとう》で、王朝も混乱していましたし、何よりも廃仏《はいぶつ》政策がとられていてたいへんな時期でした。往路で逆風に見舞われるなど、三度目にやっと成功するのですが、本場の中国で仏教を学ぶという意欲はおさえがたく、渡唐しました。在唐は十年にわたり、その記録が『入《にっ》唐《とう》求法巡礼行記《ぐほうじゅんれいこうき》』です。唐の社会のありさまや寺院の様子に合わせて、航路の苦難などが詳細に描かれています。

◆慈覚大師円仁と赤山禅院

円仁《えんにん》は入唐のおりに新羅《しらぎ》人の支援を受けました。それを物語るのが赤山禅院《せきざんぜんいん》で、八三九年に唐に入り、新羅人張宝高《ちょうほうこう》によって創建された山東《さんとう》半島の赤山法華院に半年滞在します。新羅人が中国に寺院を建立したこと自体興味深いですが、さらに五台山・長安と修行を重ね、帰路もここから出発します。この時に赤山神《せきざんしん》の加護を得ましたので円仁は帰国後、京都に赤山禅院建立を企図します。まさに東アジア友好の証しといえましょう。

◆文室宮田麻呂の謀反

文室宮田麻呂《ふんやのみやたまろ》は謀反で流刑になる人物ですが、その内容はよく分かりません。実はそれ以前に九州の筑前守《ちくぜんのかみ》になっていて、地位を利用して密貿易に手を染め、解任されました。主な取引相手が新羅商人の張宝高です。彼は朝鮮半島南部の島嶼を拠点とし、東シナ海や黄海《ファンヘ》を舞台に精力的に活動しますが、その一端に宮田麻呂も連なっていたのです。平安時代はじめ頃、日本が民間的にアジアとつながっていたことが知られます

◆大将軍八神社と中国陰陽道

大将軍《たいしょうぐん》は京都の地名にもなっていますが、大将軍八神社があることによります。大将軍は金星の象徴で、三年ごとに移動し、たとえば工事はしないとか移動の方角を忌《い》んだりとかします。これは中国渡来の陰陽道《おんみょうどう》の神でして、外来の信仰です。のち各方向をつかさどる八将神《はっしょうじん》の信仰が交じり合い、方除《ほうよ》け信仰などとして大将軍八神社が成立します。たいへん貴重な平安・鎌倉時代の神像を多く伝えていて、早くから信仰があったことを理解できます。

大将軍八神社

◆青葉山松尾寺の創建

もう福井県との境ですが、京都府舞鶴市の青葉山の中腹に松尾《まつのお》寺《でら》はあります。西国三十三カ所観音霊場の札所《ふだしょ》ですのでご存知な方も多いでしょう。威光《いこう》という唐からの渡来僧が、七〇八年に建立したと伝えます。彼が馬頭《ばとう》観音を感得したのでそれを本尊としますが、この仏はインドのヒンドゥー教のヴィシュヌ神と同体なので、南アジアにまでつながる信仰ということになります。ここにも丹後のアジア世界への広がりがうかがえるのです。

◆地下の宋の陶磁器

遣唐使は八九四年に派遣中止となり、中国との国交は途絶えました。ただそれは国家的なもので、日中間の民間交流は遣唐使中止の前も後も不断にありました。とりわけ宋代に陶磁器生産がいちじるしく発展しますので、すぐれた品々が民間貿易で日本にもたらされ、貴族たちは争って買い求めています。地下からそれらの遺物が見つかることがよくあり、破片のことが多いですが、白《はく》磁《じ》は特に優美で、いつも私は思わず息をのみます。

◆東西の鴻臚館

平安京は東アジアに誇った、日本の首都です。多くはなかったですが外国からの公式使節も当然やってきます。そうした人々を接遇するための施設が鴻臚館《こうろかん》です。中国の鴻臚寺《こうろじ》（「寺」はこの場合は官庁のこと）の制度をもととしますが、使節が滞在・宿泊しますのでここで詩文の交換なども行なわれ、さながら文化サロンのような役割を果たすこともありました。十世紀になって外国との公式国交が絶えると、衰退していくのですが。

◆刀伊入寇と京都貴族

刀伊《とい》とは、プリモルスキー（沿海《えんかい》地方、ロシア）に住む民族のことです。一〇一九年彼らが朝鮮半島沿いに南下、対馬・壱岐では略奪や住民拉致を行い、さらに九州本土の博多にまで迫りました。壱岐では国守が殺害されるほどで、激しい侵略行動でした。もっともただの海賊ではなく、交易・交流にもたずさわった人々と思われますが、環日本海地域における海民《かいみん》全体の存在形態のなかで考えてみなければならないでしょう。

刀伊の入寇《にゅうこう》は、撃退されました。この国家危機を救ったのは、大宰権帥《だざいごんのそち》として現地にいた藤原隆家《たかいえ》です。

このポストは本来はほとんど名目だけのものなのですが、宋《そう》人医師の治療を受けるためにたまたま現地赴任しており、この国難に正面から立ち向かいます。隆家は武士ではなく、中納言にまで出世した藤原氏の超高級貴族ですが、こうした事態に対応する軍事的才能と、合わせて政治家としての強い使命感を持っていたのです。

●刀伊

中国東北地方東半部に住んだツングース系の女真《じょしん》（女直《じょちょく》とも）のこと。その侵攻は多数の日本人死者や拉致被害者を出したが、貿易活動を得意とし、こうした流れでも考えてみる必要がある。「とい《（刀伊）》」は高麗人が彼らを呼んだ呼称からきているらしい。

まんろう先生の深掘りコラム

井上満郎（いのうえ・みつお）

京都人は〝イケズ〟か

個性を守る文化防衛

イケズ。京都人についてよく言われる言葉です。

この言葉は語源すら分かっていないのですが、意味的にはたしかに「強情なこと。意地の悪いこと。また、そういう人」（広辞苑）ということになるでしょうか。あきらかに否定的な言葉としてとらえられ、いい意味には使われません。

京都は固体みたいだ、と言われます。たしかにかっちりと固まっていて、外部からやって来る人や文化を拒絶し、弾きとばすようなところがあります。大阪が液体みたいで、何もかもを受けいれ、混じり合い、吸収してしまうのと大きな違いかもしれません。

でも考えてみてください。もし京都が外部からの人や文化をなんでもかでも取り入れていたら、街としてはたしかに発展したかもしれません。

ですが京都の京都たるところ、歴史と文化に裏付けられた個性はそれでどんどん薄まり、京都でなくなっていたのではないでしょうか。住む人が誇りを持ち、日本や世界の人たちが訪れたいと思うような歴史と文化を、きっと失っていたと思います。イケズと言われながらも自分を守ってきた、いわば文化防衛の本能なのです。

渡来人からはじまる京都の外来文化の受容は、外部のものを何でも受け入れてきたということではありません。選択的受容、とでもいうのでしょうか。受け入れるべきは受け入れ、そうでないものは拒絶してきた、それだけのことなのでして、それがイケズなのです。

むろんそれは相手を否定するということでもありませんし、それはそれとして認めます。でも自分を守るためには受け入れない、自分を自分として保つのだ、その姿勢が外部にはイケズと映るのでしょう。

イケズは、イジワルやましてイジメではけっしてありません。排除や否定、つまり人を傷つけるものではないのです。そこに京都人のイケズの特徴があります。傷つけると思うその手前で止めるのです。

私が文化防衛の本能だといったのはそういうことでして、これからも京都は、イケズの精神を忘れては京都でなくなってしまいます。イケズのススメ、とでもいうのでしょうか。京都が京都であり続けるために、イケズは必要な知恵と思想、というよりも京都人の文化的行動原理なのです。

南禅寺水路閣。明治に流入した西洋文化を受け入れ造られました。アーチはローマ時代に発達したデザインです（京都市左京区）

◆渤海との往来

九二九年、渤海《ぼっかい》からの使節がやってきます。この国は滅んだ高《こう》句《く》麗《り》の人々が唐から自立して、中国東北地方に造りました。実はすでに滅亡していたのですが、渤海からの使いだといって来日します。到着は丹後の「竹野の大津浜」（京丹後市間人《たいざ》か）でした。日本海横断での来日で、平安時代にもなお丹後が表日本だったことがよく分かります。一度だけですが遣唐使が日本海航路で、渤海を通過して唐に行ったこともありました。

渤海《ぼっかい》使節の来日は七二七年の初回から九一九年の最後まで、実に三十三回に及びます。ほぼ同じ期間で遣唐使は十六回ですから、いかに頻繁な交流だったかが分かるでしょう。外交よりも交易が主な目的でしたが、唐についての情報ももたらしましたし、漢詩文に長じた人も乗り込んでいて文化交流ももたらしました。見逃されがちですが日本と渤海との交流は、古代日本の海外文化の移入を考えるとき、大切な意味を持ちました。

使節の来日はほとんどが日本海航路です。ということは近江

［渤海との交流地図］

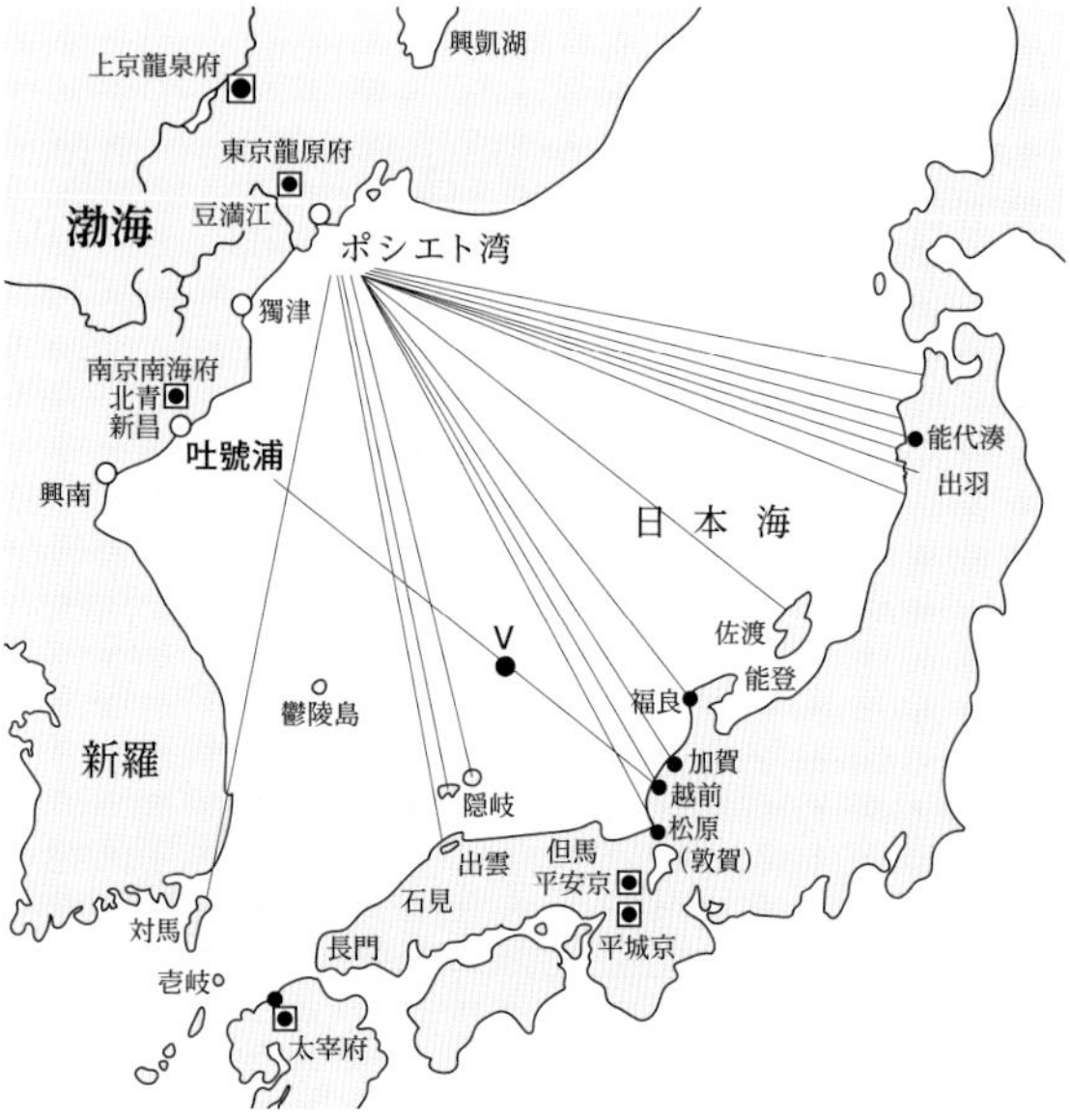

前半期渤海使航路推定図

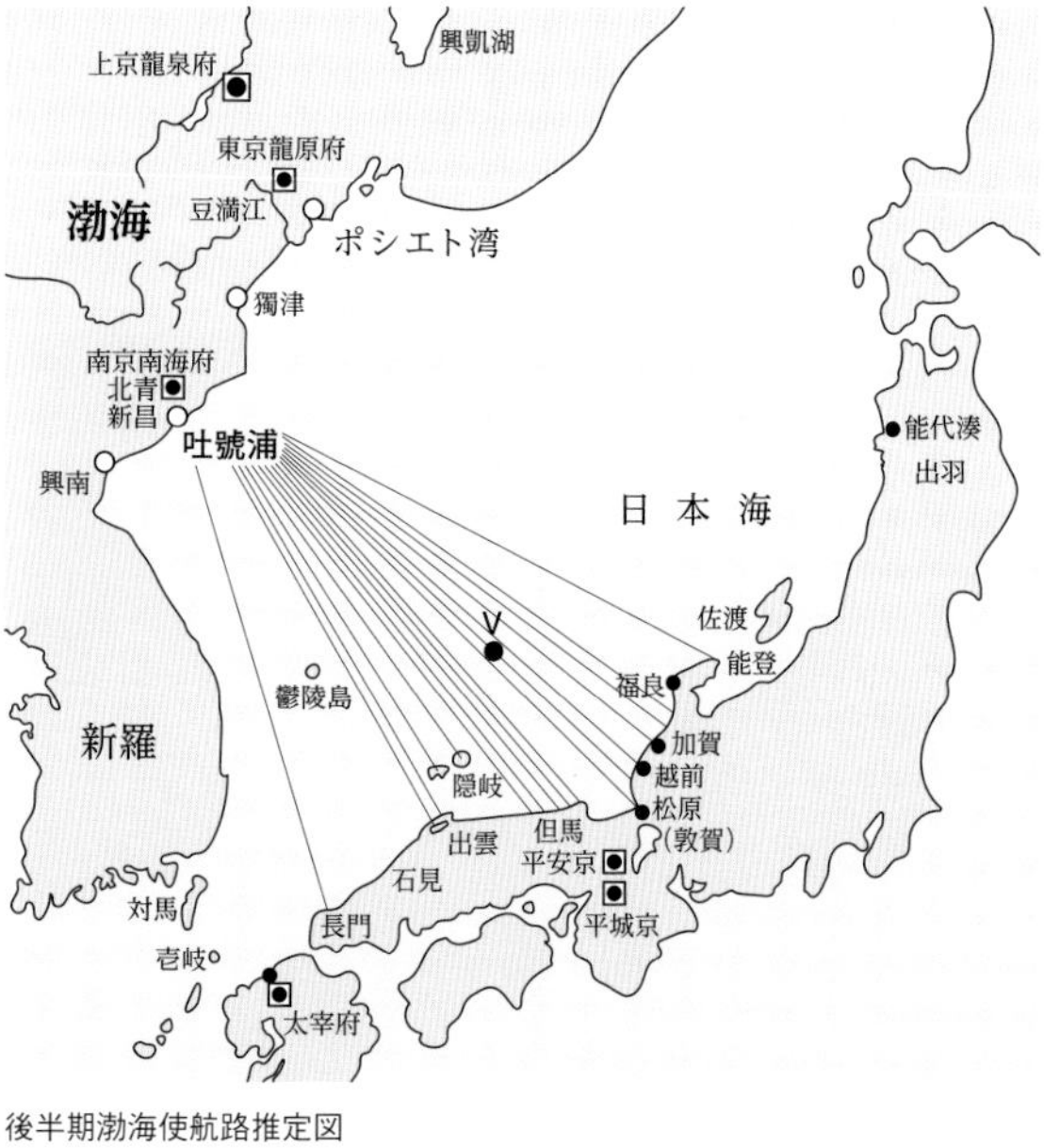

後半期渤海使航路推定図

上田 雄『渤海使の研究』明石書店 2002年刊

を通り、山城に入って、奈良が首都の時代には奈良まで行きます。京都・滋賀は通過地でして、「海東《かいとう》の盛国《せいこく》」と呼ばれるほど繁栄した渤海《ぼっかい》からの使節団を、沿道の人々はもの珍しくながめたのではないでしょうか。日本からの派遣は十三回、ほとんどが使節をおくりかえすという儀礼的なものでしたが、往・来あわせると五十回に近く、いかに大切な国際交流だったかが理解されます。

渤海国

古代日本が国際交流を持った重要な国。中国東北と朝鮮半島北部、さらにプリモルスキー地方にかけてあった国。六九八—九二六。唐の文化を積極的に導入して、栄えた。末期には内紛を起こし、遼《りょう》（契《きっ》丹《たん》)に滅ぼされた。首都はおおむね上京竜泉府《じょうけいりゅうせんふ》(中国黒龍江省牡丹江市)。

◆新羅との往来

朝鮮半島の新羅《しらぎ》との国交は、七七九年を最後に途絶えます。終りの頃は貿易活動が中心でしたが、海外文化が流入する貴重な機会でしたし、その廃絶はたいへんなことでした。ただこの頃は民間での交流がかなり盛んになっていましたので、公式国交のなくなったことを補完してあまりあるくらいでした。新羅商人の張宝《ちょうほう》高《こう》の平安前期での活躍はそれを象徴し、彼のような民間貿易商人が日本とアジアを結びつけていたのです。

古代の日本はむろんきびしい貿易管理を行ない、そのため国際商人の法をはみ出した活動が海賊と認識されることがありました。八六九年に博多津《はかたのつ》にやってきて略奪を働いたという「新羅《しらぎ》の海賊」は、おそらくそうした人々です。博多には張宝高《ちょうほうこう》が支店を置いていたようですし、彼らの活発な商業活動が行なわれ、他に非公式、つまり密貿易もふくめ、これらの商人たちによってアジアの文物が絶え間なく日本に流入していました。

知っ得コラム

シラギ・クダラ・コウクリ・カラの読み

日本からいえば同じ漢字文化圏に属する外国の国名だから、これらの国の漢字の日本語読みということになる。新羅は元は辰韓《しんかん》として半島南東部における緩やかな小国連合体だったなかから「斯盧《サロ》」国が抜け出して強国となり、それが新羅《シルラ》と表記されたものらしい。日本語読みの「シラギ」のギは城《き》で、国際的に対立することの多かった国だったのでシラ・キとなったものか。高句麗は「高」は偉大であることを示す接頭語で、「句麗」は城を指すともいうが、確定はされていない。いずれにしても高句麗の文字によって「コウクリ」と呼んだのであろう。加羅も幾通りかの表記があるが、半島南部の小国連合体、つまり日本でいう「任《みま》那《な》」のなかの一国で、漢字の音をそのままに読んでいる。難物は百済で、この文字はどう読んでも「クダラ」にはならない。

半島南部の西側を中心に馬韓《ばかん》と呼ぶこれも緩やかな小国連合体があって、その構成国の一国に「伯済《ペクチェ》」があった。この伯済が「百済」と文字表記されたことは疑いないが、日本語の読みは別の原理で付されたものらしい。クダラという日本語読みは、半島南部の地域名である居陀耶《こだや》・居陀《こだ》羅《ら》から来ているというのが有力な考え方だが、その場所は不明で、いつ頃にこの読みが成立したかも含めて、なお確定されていない。

◆「あいの風」のこと

丹後では日本海から陸向かい風を「あゃーの風」と呼びます。北陸などの「あいの風」と同じで、「あい」は饗《あえ》、好ましいものをもたらす、という意味です。

つまりこの風はアジア大陸・朝鮮半島から日本海を越えて文化や文明、人や物を運び、それは追い風の西風に乗ってやってくることが多く、この名が付きました。古い時代の日本列島が、日本海をわたる風のおかげでさまざまなものを吸収していたことをよく物語っています。

日本人は海をこちらとむこうを隔てるものと考えますが、両者を結ぶ役割も果たしました。海上にも道があるということで、柳田國男さんは「海上の道」と呼んだわけです。島崎藤村に「椰子《やし》の実」という詩があり、はるか南方からヤシが海流に乗って日本に流れ着いていて、当然人も海を道としてやって来ているのです。日本が広く海外の文化・文明を受容しながら歴史と文化を築いてきたことを、見事に言いあらわす言葉なのです。

日本海は、アジアの地中海です。アジア大陸と日本列島を隔てるものではけっしてなく、むしろつなぐ海なのです。

ヨーロッパの地中海を考えてみればよく分かりますが、あの海はアフリカ・ヨーロッパ・アジアの大陸を隔てるものではまったくありませんでした。それらの大陸をつなぐ海上交通が縦横に発達し、無数の港湾都市も成立します。日本海のことも、こうした観点からも考えてみなければならないでしょう。

◆伏見稲荷大社の創建

伏見稲荷大社は、秦《はだ》氏によって創建されました。秦伊呂具《はだのいろぐ》がその人で、稲荷山の三つの峰のうえに稲荷の神が祀《まつ》られました。七一一年に渡来人秦氏によって、つまりは東アジアにまで広がる国際的背景のもとで創建されたのです。二〇一一年にはその創建一三〇〇年祭ももたれました。もともとの場所は今も稲荷山の山上に上社《かみしゃ》・中社《なかしゃ》・下社《しもしゃ》などとして祀られていますが、ちなみについ最近までは秦氏の子孫が神職におられました。

稲荷の神は、人々のあつい信仰を得ました。イナリはイネ（稲）ナリ（成）だというのが通説ですが、農業神だったのです。でもみのりを祈り願うのはどんな産業にも共通しますし、農業とは何の関係もない清少納言も山上の「中の御社《みやしろ》」に参詣しています。稲荷最大の祭礼ともいうべき初午《はつうま》、つまり旧暦二月上旬なので今なら三月の中旬、暑くて閉口したと『枕草子』に書いています。彼女のような貴族層にも絶大な支持を受けていたのです。

庶民も稲荷の神にさまざま祈願をささげました。三ケ峯《みつがみね》などに一万ほどのお塚と呼ぶ大小の塚がありますが、渡来人の祀《まつ》った神が、その後の広範な社会の発展によって多様な展開を遂げた証しです。お塚は庶民が自分たちの祈願を成就するために、それぞれに建立しました。火防大神《ひぶせおおかみ》・出世大神・福徳《ふくとく》大神、ひと目見れば何が祈願されているかすぐ分かり、まさに庶民的で素朴な信仰です。渡来人の創立であることは確かですが、その広がりはまさに日本的なものでした。

まんろう先生の深掘りコラム

井上満郎（いのうえ・みつお）

西日本と東日本は別の国

均質でない風俗・習慣

関ケ原の戦いは「天下分け目」、とよく言われます。でも天下分け目の戦いが、なぜ関ケ原（岐阜県関ケ原町）だったのでしょうか。

普通、日本人といえばそれは同じような風俗・習慣を持つ、均質な人間と考えます。でもそのような日本人観は、実はごく新しい時代でのことでして、明治の、いわゆる国民国家以後のことです。

たとえば日本語という言語です。日本中どこでも通じます。

でもそれは近代になってからでして、今はそれほどでもないかと思いますが、戦前なら秋田の人と鹿児島の人が地元言葉で話すと、おそらく通じませんでした。それが学校やメディアによって全国に統一されてきたわけで、いわゆる標準語・共通語がそれです。それまではいろんな言葉が用いられ、話されてきたのです。

でもこうした微細な日本各地の異なりを、大まかにまとめると西日本と東日本との違いということになります。西日本と東日本を「別の国」だといったのはたしか網野善彦さん（一九二八～二〇〇四年）ですが、もちろん西と東に別々の国家組織があったわけではないですし、分かりやすくするための誇張ですけれども、言いえて妙です。

もうだいぶ以前になりますが、アホ・バカ分布について話題になりました。京都・滋賀などの西日本はアホで、東はバカなのです。例外はたくさんありますので一概に決め付けることはできませんが、おおむねフォッサマグナの西縁（新潟県糸魚川《いといがわ》と静岡を結ぶ線）あたりを境界にして分かれます。私は歴史的にはそれより少し西より、日本を二分する関ケ原の戦いがそこで起こった大きな理由かと思っているのですが、とにかく日常よく使うアホ・バカという言葉でも、日本の東西で違いがあるのです。

またたとえば餅の形です。京都学を講義していた時、その最初に学生に、あなたは餅といえば丸か四角かどちらを思い浮かべますか、とよくたずねました。関西の大学ですので丸が多いのですが、何人かは四角といいます。西日本は餅といえば丸餅でして、東は四角です。雑煮に入れて日本人なら誰でも知っている餅にも、西と東の違いがあるのです。

それどころか餅なし正月と呼ぶ、正月には餅を食べない地域すらもあります。日本人みんなが正月に餅を食べるわけではないのです。日本は列島全体が均質であったわけではなく、モザイク模様的に文化を、それぞれ独自に持っていたのです。

京都の古い家では正月の雑煮は白味噌仕立てで、餅（手前）は丸が一般的。京都以外から流入した家も多いのでバラエティーは豊富です

711年創建の伏見稲荷大社。渡来人秦氏により、東アジアにまで広がる国際的背景のもとで建てられました（京都市伏見区）

◆深草の秦氏一族

伏見稲荷大社を創建した秦氏《はだ》は、深草あたりの豪族でした。よく知られた遺跡に深草遺跡があり、豊富な鴨川の水などを使って弥生時代から水田農業の営まれていたことが分かっていますが、そこへいっそう高度な農業技術を持った秦氏が住みついて開発を進め、豪族となります。平安時代になっても郡司《ぐんじ》、つまり地元豪族が任命される首長ポストに秦氏一族はついており、この地域で有力な勢力を後々まで持ち続けました。

深草地域の秦氏《はだ》は、馬を用いて商業活動にあたっていたことが分かっています。『日本書紀』によればここから伊勢（三重県）にまで行って商ったといいますから、かなり広い商圏を築いていたことになります。農業だけが秦氏の日本での生きよう暮らしようではないわけで、商業はつまりは情報力でもありますし、また何よりも馬は大きな軍事力で、情報力も軍事力もともに、彼らの勢力の規模を知るのに重要な歴史の事実です。

馬に乗る風習は、渡来の文化です。五世紀後半ごろに普及するのだそうで、騎馬そのものが渡来文化だから当然ですが、馬の飼育に主としてあたったのも渡来人でした。

騎馬民族征服王朝説をご存じでしょうか。騎馬の異民族が東北アジアあたりから日本に渡り、日本列島を征服、統一したというのです。日本史的にはあまり有力な学説ではないですが、国家成立を左右するほど騎馬は大きな位置を占める文化だったのです。

◆清凉寺の三国伝来仏像

名前としては嵯峨の釈迦堂《しゃかどう》のほうがよく知られているでしょうか、清凉寺《せいりょうじ》というのが寺名です。九八三年、奝然《ちょうねん》が仏教修行のために宋《そう》に行き、当時中国でもてはやされていた仏像を模刻して持ち帰り、ここに安置しました。拝観してすぐ分かるようにインド風で、当時の日本の仏像とはずいぶんと感じが違います。

極端な言い方かも知れないですが仏像も「見る」対象ですから流行があり、舶来の新しい仏像として爆発的に受けいれられることになります。

清凉寺《せいりょうじ》の釈迦《しゃか》像は三国伝来、つまりインド・中国・日本と伝わった由緒正しいものとして大きな信仰を集めました。

清凉寺からまっすぐ南に続く道は「出釈迦大路《しゅしゃか》」とも書かれ、地域の中心になる朱雀大路《すざくおおじ》としてこのあたりの都市計画の基本道路になったようです。釈迦を本尊とする清凉寺の正面から発する頻繁な通行量の道だったからですが、中国からもたらされ、新来の仏像としてこの寺は大きな民衆の支持を得ていたのです。

◆奝然の宋皇帝との会見

清凉寺《せいりょうじ》を創建した奝然《ちょうねん》、彼は宋《そう》商人の帰国の船に便乗、中国では皇帝の謁見《えっけん》まで得ました。宋の側の日本への強い関心が分かります。国際的にみますと、当時の日本は東アジアでは珍しい平和な国でした。中国は唐滅亡後の半世紀にわたる混乱、東北アジアも渤海《ぼっかい》滅亡と遼《りょう》の成立、朝鮮半島では新羅《しらぎ》滅亡の混乱、むろん小さな混乱は日本にもありましたが、国際的には平和だと認識されていたことも事実なのです。

奝然《ちょうねん》を謁見《えっけん》した宋《そう》の皇帝が言います。日本はたかが小さな「島《とう》夷《い》」ではないか、それなのに王統は断絶することなく続いているし、臣下もまた同じだ、これこそがあるべき古来の道だ、と。それに引き換えわが国は唐の滅亡以来混乱し衰退を重ねていると反省しているのですが、それ故にこそ宋は国力の回復と復興に大いに力をいれました。以後三〇〇年にわたって続く宋は、文化や産業に目覚ましい発展を遂げるのです。

◆発信された『往生要集』

九八八年、宋《そう》の商人周文徳《しゅうぶんとく》は延暦寺の源信《げんしん》の依頼を受けて、その著『往生要集《おうじょうようしゅう》』を中国にとどけます。そこまでなら問題ではないですが、これが僧侶にも俗人にも受けいれられ、人々は随喜したというのです。唐滅亡の長い混乱の直後だったこともありますが、日本の文化が海外に受容されたことは画期的なことで、ほとんど初めてです。日本文化がアジア的レベルで発展していたということであり、注目に値する出来事でした。

日中の交流、言葉ではそうなのですが、古代においてはほとんどが日本側の受容、つまりほぼ一方的な交流でした。それがこの頃に日本の文化も急速に発展、双方向の交流が生まれるのです。『往生要集』と同じ頃、奝然《ちょうねん》も宋に渡ったとき、日本の書物をもたらしています。唐にかわって成立した宋が、混乱で失われた中国文化を必死に回復しようとしていたこともあるのですが、アジアに真の平等な文化交流が生まれつつありました。

知っ得コラム

周文徳・源信の往来書簡

比叡山横川《よかわ》（大津市坂本）の源信は、宋の貿易商人周文徳を介して『往生要集』を宋に送った。この時に作成された往復書簡がこの書物に付載されている。源信書簡は宛名が「大宋国某賓《ひん》旅下」となっているので周文徳宛てで、『往生要集』が宋へもたらされた際のもの。また文徳書簡は書物を伝えたのちの宋の反応を伝えた返信であって、宛名は「天台楞厳院《りょうごんいん》源信大師禅室」となっている。

源信書状には自分が九州に布教している時に偶然に文徳に出会い、言葉が十分に通じないので書面で意思疎通をはかったことや、日本ですら拙いのに仏教本場の宋ではいっそうに拙いもの評価されるであろうとの謙遜などが述べられ、けれども「往生極楽の縁」を結ぶという純粋な信仰心でするのであり、たとえけなされても後悔はないと言い切っている。これに対する文徳書簡は中国での受容の様子を報告するもので、受け入れた宋の国清寺《こくせいじ》（浙江省台州市。最澄始め多くの天台僧が訪れた聖地）において、僧侶や民衆、高貴な人もそうでない人も、あらそって『往生要集』の教えに帰依したという。この宋で大歓迎されたというのは、文徳の源信に対するリップサービスだという説もあるが、当時の宋の国内事情から考えても熱心な受容がなされたことは疑いない。

◆藤原惟憲の唐物蓄積

藤原惟憲《これのり》は大宰大弐《だざいのだいに》、つまり九州全体を統括する大宰府《だざいふ》のナンバー2です。任を終えて一〇二九年帰京しますが、持ち帰った財宝は数えきれず、九州の物をすべて略奪し、唐物《からもの》も多量に蓄積した、と噂《うわさ》されました。

唐物とは当時の貴族たちが争って求める舶来の品です。大宰府は遠いですが、赴任すると人もうらやましがるほど私財を蓄積できるのでして、遣唐使はとうに中止されていますが、民間貿易が盛んに行われていたのです。

◆成尋と成尋阿闍梨母集

成尋《じょうじん》は平安時代の僧侶です。宋に渡って仏教の本場の天台山《てんだいさん》・五台山《ごだいさん》と聖地をめぐり、首都汴京《べんけい》（現河南省開封《かいほう》）で皇帝にも謁《えっ》見《けん》します。その過程は『参天台五台山記《さんてんだいごだいさんき》』に詳しく、宋の都市生活のありさままで記述しています。結局帰国することなく十年後に宋で客死しますが、母は息子の帰国を待ち望み、『成尋阿闍梨母集《じょうじんあじゃりのははのしゅう》』という歌日記を残しました。そこには遠い地にいるわが子を思う切々たる心情がつづられ、胸をうちます。

成尋《じょうじん》は一〇七二年、商船に便乗して渡宋しました。むろん当時は遣唐使はありません。しかしかなり頻繁な宋からの民間貿易船の日本渡航がありましたから、その帰国に便乗させてもらうわけ

です。これは東アジアの広く豊かな地域間交流が存在して初めて実現することでして、日本文化のありようが深く国際環境と関わっていることが理解されます。遣唐使が廃止されたからといって、日本はけっして鎖国などではなかったのです。

中国唐は九〇七年に滅亡、歴史の舞台から姿を消します。そのあと五代《ごだい》と呼ぶ五つの王朝が頻繁に交替し、激動の世紀になりました。隋・唐王朝での高度な文化的蓄積が消滅し、やがて九七九年に再統一したのが宋《そう》でした。ここが中国の底力とでもいうのでしょうか、宋王朝はこれを深く自覚し、文化や産業の急激な振興をはかります。貿易活動ももちろんその一つでして、こうしたなかで成尋《じょうじん》のことも考えてみる必要がありそうです。

成尋

一〇一一―八一。すでに僧位最高の伝灯大法師《でんとうだいほっし》だったが渡宋を申請、認可のないまま宋商船の帰国に便乗して宋に渡る。皇帝からも高僧として遇され、善慧大師《ぜんねたいし》の号を授けられた。自身はついに帰国しなかったけれども、皇帝の親書や多数の経典を弟子に託し、日中間の国際交流に貢献した。宋の首都汴京で客死。

◆大覚寺庭園の池

大覚寺は、テレビの時代劇などにその大沢池《おおさわのいけ》あたりの風景がしばしば登場してご存じな方も多いでしょう。池などの大覚寺庭園は百済河成《くだらのかわなり》が造ったとの伝えがあり、彼はその名から知れるように渡来人の子孫で、作品は伝わりませんが名声を得た伝説的絵師です。庭造りにたずさわったことはどこにも見えませんが、作庭も含めてさまざまな技術にたけていた渡来人の伝統が、画業という技術に長じた河成と重なったのでしょう。

◆善導寺の清涼寺式石仏

京都市中京区の木屋町通の北の突き当たりに、善導寺というお寺がひっそりとあります。その境内に小さな石仏があって、清涼《せいりょう》寺《じ》様式の仏像です。造られた時代もはっきりしていて、一二七八年です。鎌倉時代でして、この頃に清涼寺様式と呼ばれる仏像が流行するのです。嵯峨釈迦堂こと清涼寺の三国伝来の像をまねたもので、平安時代から鎌倉時代にかけて、真新しい姿の仏像として人々を引きつけ、全国でこの様式の仏像が模刻されました。

◆秦河勝と河勝さん

いつだったか覚えていませんが、河勝さんという方にお目にかかったとき、自分は秦河勝《はだのかわかつ》の子孫だと言っておられたのが妙に印象に残っています。その方の言われるには河勝の子孫がのち二つに分かれ、秦と河勝という名字になったのだそうです。確かに河勝姓には祖先を秦《しん》の始皇帝に求める一族がありまして、歴史学的な確定は難しいにしても、はるか古代の渡来人秦氏が、現代の人々のなかに根強く生きていることが知られます。

◆松尾神社と秦河勝

松尾神社といえば当然京都の神社を思い浮かべるでしょうが、亀岡（京都府）にもあるのです。しかも京都ゆかりの秦河勝《はだのかわかつ》の創建だというのです。式内社《しきないしゃ》ですから古代の創建であることは疑いなく、おそらく亀岡盆地の開発に渡来人秦氏が貢献し、そのために同じ秦氏創建の京都の松尾大社が勧請《かんじょう》されたものだと思われます。京都の松尾大社からは一山越えれば亀岡ですから、渡来人秦氏たちが進出していても何の不思議もありません。

◆大井神社と秦氏

嵐山の渡月橋《とげつきょう》たもとの、ごく小さな神社です。大井は大堰《おおい》で、堰《せき》神社とも呼ぶようにここにあった巨大ダムにちなみます。この大堰は秦氏が築造したものですし、そう考えると現在の祭神がウカノミタマ、つまり稲荷の祭神と同じなことが興味をひきます。伏見稲荷大社は渡来人秦氏の創建ですし、ここはまた別に大橋神社とも呼ぶようですから、この神社は大堰とそこに架橋された橋の安全・安心を祈願するものだったのでしょう。

●法輪橋

渡月橋で親しまれているが、この橋は元は葛井《かどのい》橋とも法輪《ほうりん》橋とも呼ばれた。「葛井」は葛井寺とも称された虚空蔵さんこと法輪寺のことだろうし、橋がこの寺に参詣する道筋だったからだ。安土・桃山時代と思われる「法輪寺参詣曼荼羅」にも橋のすぐたもとに寺が描かれている。行基創建という寺伝は、彼がこうした橋にはつきものの困窮者救済のための施設を多く設けたからであろう。

◆日宋貿易と平清盛

平安時代の末に絶大な権力を振るった平清盛。京内にも西八条《にしはちじょう》第《だい》と呼ぶ広大な邸宅を持ちました。今その邸内社という若一《にゃくいち》神社があり、清盛お手植えという大きなクスノキが残ります。市電の軌道が敷設されるとき、その樹をさけて道が造られたくらい大切にされています。『平家物語』に海外から輸入された財物を平氏が蓄積していたと見え、この邸宅にもたくさんのそうした輸入物、華麗な唐物《からもの》が蓄えられていたことでしょう。

平氏は歴史上あまりよく言われないですが、革新的な一族でした。その一つが海外との日宋《にっそう》貿易に着手したことです。これは厳重な国家管理のもとにありましたが、純粋な国家間貿易ではなく、朝廷が先買い権を保持し、残りが民間での販売にまわされることになっていました。清盛の父忠盛《ただもり》は、公文書を偽造してまでこの先買いをしていました。それを押し通すだけの権勢を平氏は築いて、積極的に海外の文物の導入をはかりました。

平氏は、一族の居住地として六波羅《ろくはら》を開発しました。髑髏原《どくろはら》が転じたといわれるくらいで、よく知られた京都近郊の葬送地でした。そんなところに居住するなど貴族たちには想像もできないことで、平氏が革新的な思想の持ち主だったからこそのこの地への進出なのです。

清盛の弟頼盛《よりもり》の通称「池殿《いけどの》」にちなむ池殿町、子重盛《しげもり》の通称「小松殿《こまつどの》」にちなむ小松町などの町名が今に残り、平氏の権勢をしのぶことができます。

日宋貿易

日本と宋（九六〇―一二七九）との間の貿易。宋の民間商人によって担われ、「唐物」と呼ばれた薬剤・香料・染料・織物・陶磁器など貴重な物品をもたらした。平氏はこの貿易利益に着目し、古代からの瀬戸内海航路の港津であった大輪田泊《おおわだのとまり》（神戸市）や、瀬戸内航路の守護神であった厳島神社などを整備、平氏のもとには「揚州《ようしゅう》（揚子江《（長江）》下流）の金《こがね》」など「七珍万宝《しっちんまんぽう》、一つとして欠けたることなし」という状態だったという（『平家物語』）。

◆「八郎真人」の商取引

藤原明衡《あきひら》は平安時代の学者で、『新猿楽記《しんさるがくき》』という作品を残しました。

架空の人物ですが、八郎真人はそこに登場する商人団のリーダーです。商圏は東北から九州南端まで全国に及び、扱った商品は唐物《からもの》と本朝《ほんちょう》物で、唐物は輸入品です。香料・薬品・染料・仙薬・化粧品・織物など、多くの品目が見えます。むろん公式国交はない時代で、これらの品々はすべて盛んな民間貿易を通じて日本にもたらされ、その史実を背景にした創作なのです。

◆鳥羽・白河の開発

鳥羽は、院政の拠点地域でした。この政治を一言で説明するのは難しいですが、要するに退位した天皇が国政を執るものです。現天皇が皇居にいますから当然退位天皇は別の場所に居住するのですが、その一つが鳥羽です。ここは鴨川と桂川の合流地で、大きな池がありましたが、そこを港としてたくさんの船が出入りし、人や物が運送されました。ここで荷をおろし、陸路で京都に入ります。いわば物流の拠点でもありました。

洛南鳥羽に院政拠点を築いたのは白河上皇でしたが、さながら都遷《みやこうつ》りのようだと噂《うわさ》されたくらい大規模で、発掘調査で発見された遺跡がその様子をよく物語っています。海外からはむろん、西日本の物産もまず大阪へ、ついで河舟に積み替えて淀川をこの鳥羽まで運送されたので、それらの物資を収納する倉庫もたくさん建設されました。新都市といえるここには多くの寺院も立ち並び、今その面影は安楽寿院《あんらくじゅいん》にしのぶことができます。

白河は洛東《らくとう》ですが、京都から東日本に向かうとき必ず通る道筋の要衝です。鳥羽とならぶ院政拠点となりますが、ここを象徴するのが法勝寺《ほっしょうじ》の八角九重《はっかくくじゅう》塔です。高さが八十メートルもあったといい、京都のどこからでも見える、つまりは新たに成立した院政政権の宣伝・広報のモニュメントでした。あたりは貴族たちの花見の場所でもありましたが、院政の開始とともに大きなにぎわいが生まれ、ここも新都市の様相を呈したのです。

●鳥羽殿

京都市伏見区。二川が合流するためきわめて低湿で、今でも水害対策のため地面をかさ上げした水屋《みずや》がいくつか残る。昭和三十年代から名神高速道路の敷設にともない鳥羽一帯の発掘調査が行なわれ、地業《じぎょう》、すなわち地面に石を敷きつめた工作が多数見つかっている。重量のかかる宮殿建築などは地業を施さないと建設できず、そうまでしてもここに鳥羽離宮をもうけるほど重要な地だった。京都の物流の根幹だったのであり、院政政権はここを把握するために鳥羽離宮を営んだ。

◆海外貿易と鳥羽殿

洛南鳥羽に、かつて広大な都市がありました。平安後期の院政政権による開発なのですが、ここが京都の南の要地だからです。桂川と鴨川が合流して大きな池をなし、そこが港としての意味を持ったのです。日宋貿易が盛んでしたから、輸入品もたくさん陸揚げされました。土地は低湿なのですが鳥羽殿と呼ぶ邸宅群が営まれます。

平安京正門の羅城門から真っすぐ南に続く道は造り道と呼ばれますが、その突きあたりの鴨川・桂川合流点あたりが港で、多くの倉庫も建ち並んでいました。京都の南の経済センターだったのです。

まんろう先生の深掘りコラム

井上満郎（いのうえ・みつお）

「国風文化」と日本の〝平和〟

東アジアの目で評価

国風文化、多くの皆さまはきっと遣唐使の廃止と結びつけて記憶されているでしょう。これによって日本は海外から閉ざされ、そのために日本列島内だけの固有の文化、つまり国風文化が成立したのだと。

既に述べましたが、私はそうでないと思います。列島内の動きだけで、日本の文化を考えるのは間違いです。そこで当時の東アジア世界を少し見ましょう。

まず中国。唐が混乱のすえ九〇七年に滅亡しました。その後に後梁《こうりょう》・後唐《こうとう》・後晋《こうしん》・後漢《こうかん》・後《こう》周《しゅう》と頻繁な王朝交替があって、隋・唐にわたって築いてきた高度な文化・文明、私たちが中国文化というとたいていはこの時代のものを思い浮かべますが、それらを大きく失います。やがて宋《そう》が統一しますが、この半世紀に及ぶ混乱は中国の国力を著しく低下させました。

平等院の本尊阿弥陀如来坐像。典型的な和風の仏像で、朝鮮・中国の影響を脱しています（平等院提供）

朝鮮半島はどうか。長く統一を保ってきた新羅《しらぎ》でしたが、八世紀後半に王権をめぐって対立、後百済《ごくだら》・後高句麗《ごこうくり》もできて混乱の極に達しました。やっと統一されるのは九三六年の高麗《こうらい》によってです。

北東アジアも似たような状況でした。高句麗《こうくり》の後継を主張する渤海《ぼっかい》が成立、「海東《かいとう》の盛国《せいこく》」と呼ばれるほど栄えましたが内紛を繰り返し、九二六年にモンゴル系の契丹《きったん》に滅ぼされます。

要するに東アジア世界は激動時代でして、では日本はどうだったでしょうか。

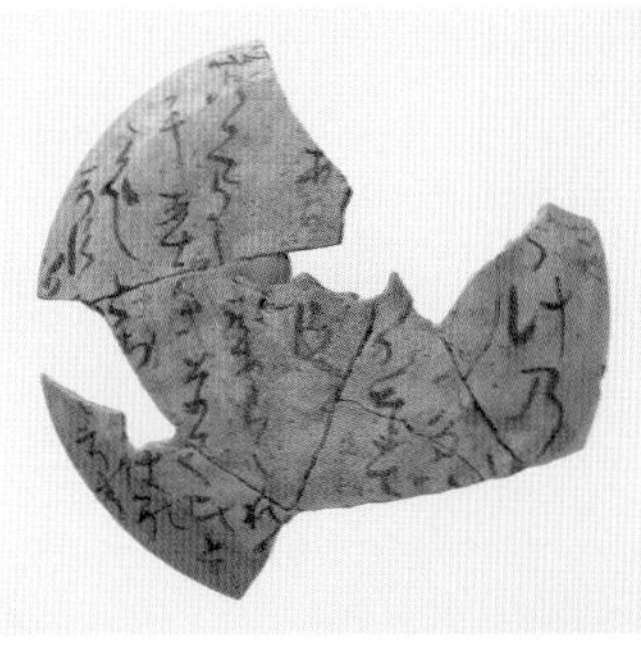

ＪＲ二条駅前の藤原良相（よしみ）邸跡から発見されたひらがなの墨書土器。流麗な筆致で記されています（京都市埋蔵文化財研究所提供）

むろん朝廷内の勢力争いとか、平将門《まさかど》・藤原純友《すみとも》の乱のような出来事はありました。でもそれで国家の屋台骨が傾き、また多くの人命が失われるといったようなことはなかったのです。

九八四年、宋《そう》の皇帝に謁見《えっけん》した奝然《ちょうねん》を前に皇帝は言います。わが国は唐の末から激しく王朝が交替したが、日本は王朝交替もなく、臣下も代々安定して国政を補佐している、これこそが理想とすべきものだ、と。

日本は東アジア世界のなかではまぎれもなく平和で、少なくとも海外ではそう評価されていました。日本の歴史や文化は、国内だけを見て評価してはならないのでして、国際社会のなかで日本はどうだったのかという視点を見落としてはならないのです。

国風文化もまさにそうでして、こうした激しい東アジア世界の変転のなかで、日本とは何か、日本文化とは何か、という内省と自覚が生まれ、形成されてきたものではないでしょうか。

◆「近淡海」の世界

「おうみ」は、古くは「ちかつ（近つ）・あは（淡）うみ（海）」でした。都から近い淡水湖、の意味です。日本でウミと認識された湖は琵琶湖と浜名湖ですが、ともにウミなのです。近代に鉄道がとって代わるまで、何かにつけてウミが人々の生活の舞台でした。大津市堅田に本福寺という浄土真宗の大きな寺院がありますが、その信徒は日本海岸の因幡や伯耆《ほうき》また若狭にもいたといい、琵琶湖・日本海というウミが寺と人を結びつけていました。

◆琵琶湖北岸の港津

琵琶湖の北岸には塩津・海津・大浦・今津など、今は機能していないものもありますが日本海につながる多くの港があります。それは日本海を越えてアジアにもつながります。特に興味深いのは塩津で、琵琶湖は淡水湖でむろん塩は造れませんから、敦賀あたりに集積された日本海産の塩を陸路で琵琶湖北岸に運びます。塩は重いですからできるだけ船で運送します。ここでまた船積みして南岸の大津・坂本あたりに運送したのです。

琵琶湖がウミなことといくら強調しても、し過ぎということはありません。ウミといえば私たちはすぐ外海を思い浮かべ、そこから海外つまり外国へとつなげて「隔てる」ものと考えます。ですがむろん国家ができるまでは国境などないわけで、人々はウミを縦横に行き交いました。琵琶湖北岸を横につなぐ道路ができた時期を記憶していますが、長く必要なかったわけで、陸上のミチがなくてもウミを船で往来すればよかったのです。

琵琶湖北岸の塩津は、陸路で運んだ日本海産の塩を船積みし、大津や坂本に運びました。塩津港遺跡では12世紀の「構造船」の部材とみられる板材が見つかっています（2015年12月）

まんろう先生の深掘りコラム

井上満郎（いのうえ・みつお）

五山文化の持った国際性

外交・貿易の役割担う

五山。教科書に必ず出る用語です。禅宗の寺院の寺格を示すもので、基本的には幕府がその住職を定める、とあります。要するに寺院の政治的序列で、中国宋（南宋・一一二七〜一二七九）の制度にならってのものでした。最初は鎌倉中心のようでしたが、京都の寺院もやがて混じり、さらには鎌倉五山と京都五山に整理されます。ただ政治的な序列ですので、時どきの政治情勢によってその構成はかなり流動的で、しばしば変動しました。

五山之上（ござんしじょう）として別格に位置付けられた南禅寺。巨大な三門が威容を誇ります（京都市左京区）

教科書的にはこれでいいのですが、日本はむろん京都の歴史・文化にとっては、まったく不十分です。

私たちは今、政教分離の時代に生きていますから、寺院というとすぐに宗教・信仰の施設だと限定的に考えてしまいます。長い歴史のなかでは、たしかにおのずからの政治と宗教の分離はありはしましたが、両者は一体の側面もあったのです。

まず文化的なものから見ますと、五《ご》山文学《ざんぶんがく》と普通いいますが、五山から発信される文学は、この当時の文学世界の大きな潮流をなしていました。むろんかな文学も御伽草子《おとぎぞうし》などがありはしますが、公家・武家ともに漢詩文が隆盛だったのです。当然漢字の知識や漢文表現の力量が必要となりますし、漢文で表記される政治・行政の公文書にあっても漢文能力が必要で、五山僧の活躍の大きな余地がありました。

五山版《ござんばん》も注意されます。印刷物で、仏教関係書が中心ですが、それ以外のものも公刊しました。禅宗が日本に根付く重要なツールになったことはむろんですが、漢籍の古典も刊行しましたので、中国文化の導入に大きな貢献をしたのです。

さらに重要なのは、外交や貿易にもたずさわったことです。日元《にちげん》・日明《にちみん》間のそれですが、中国語を熟知していなければ、微妙な駆け引きの必要なこうした対外用務は処理できません。そこで五山の登場となり、元や明に留学した僧侶はむろん、五山には渡来した中国僧もいましたから、大きな役割を果たしました。それは当時の日本外交の担い手だったといって過言でないくらいでして、五山寺院は重要な役割を果たしたのです。

それまでもたとえば、唐の情勢を菅原道真にもたらした中瓘《ちゅうかん》がそうですが、僧侶は海外情報ということで卓越した蓄積を持っていました。その活躍はただ宗教上にとどまるものでなく、国家存在に直接に関わる用務にも及んでいたのです。海外の文化・文明の吸収、その担い手としての僧侶や寺院という役割とあわせて、そうした広範な側面が見逃せないのです。

◆九里半街道とアジアの往来

九里半《くりはん》街道とは妙な名前ですが、今津（滋賀県高島市）から小浜（福井県）までが九里半（四〇キロ弱）だからの命名です。近江と日本海文化圏とのメインルートは湖北から敦賀に抜ける道、つまり北陸道でしたが、これとあわせてこの道が若狭とをつないでいました。古代の日本海側では多くの国の税物が敦賀にまず運ばれますが、北陸道でも若狭だけはこの道で勝野津《かちののつ》（高島市）を経て都に運送されます。近江とアジアにとってもこの道は重要な意味を持ったのです。

道が機能するということは、いいことばかりではありません。当たり前のことですが疫病も往来します。伝説ではありますが、若狭の矢代（小浜市）に漂着した唐の船を地元民が略奪し、そのあと疫病の流行が絶えなかったといいます。若狭湾の最も奥まったところで、古代には港の一つだったと思われますが、史実かどうかは確定できないものの、国際交流の道は他方で疫病をもたらす道だったことも疑いないのです。

小浜に漂着した唐船に乗っていたのは、楊貴妃《ようきひ》だという伝承もあります。貴種流離譚《きしゅりゅうりたん》と呼びますが、貴人と関係付けて地域の優越化をはかるものです。空想から出たものもありますが、小浜でいえば、ここが彼女のいた中国と日本海でつながっていたという事実を背景とします。

山口県長門市には楊貴妃の墓もあり、乱を逃れて来日した彼女を手厚く葬ったといい、やはり日本海がここと中国を結ぶという事実を背景としています。

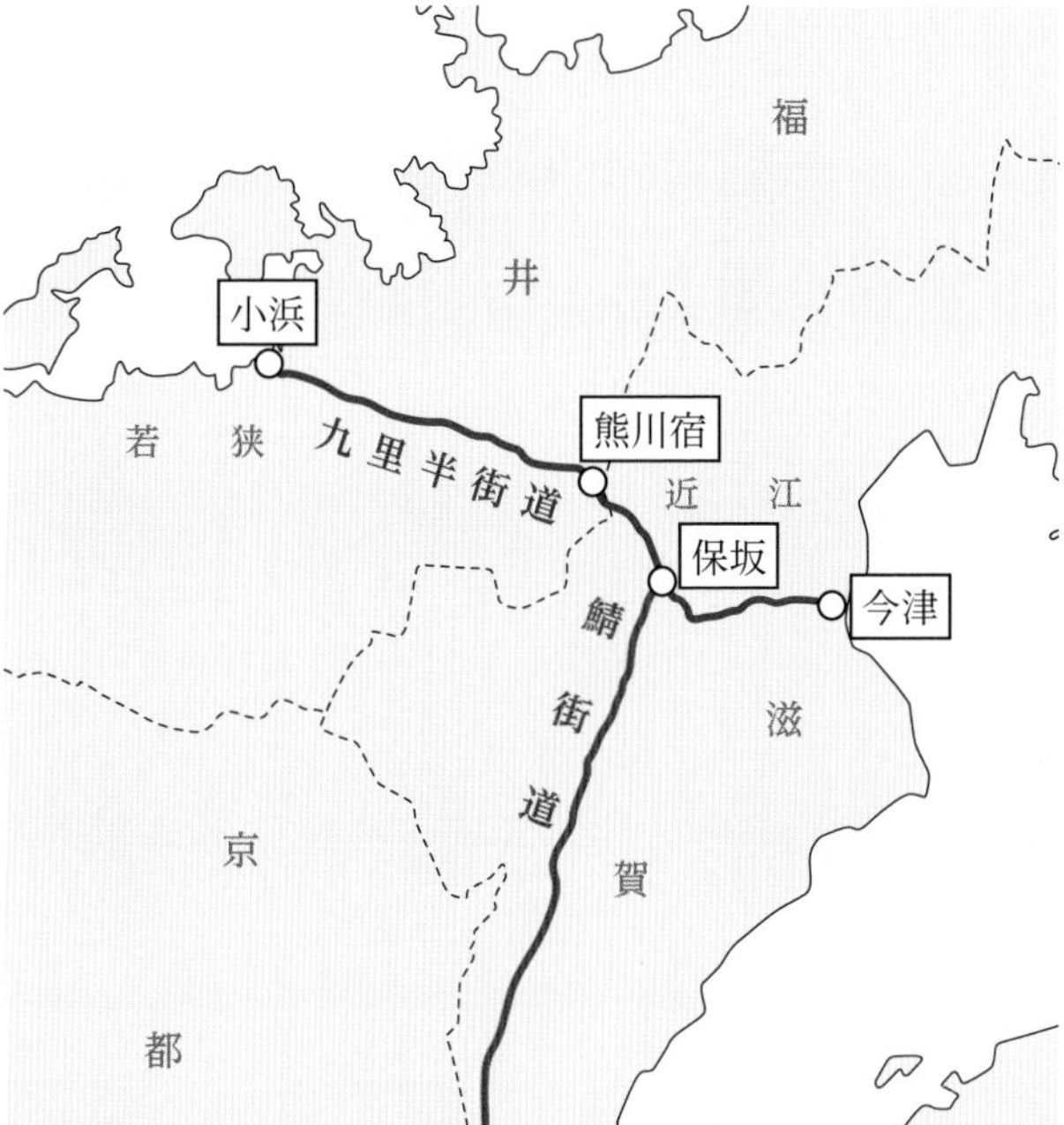

●九里半街道

西近江路とも呼ばれる北陸道の今津から分岐し、福井県小浜《おばま》に至る街道。途中の保坂《ほうざか》からはいわゆる鯖街道《さばかいどう》に合流。滋賀県から日本海に抜ける道は北陸道本道が重要ではあるが、この小浜へ通じる道も近江と日本海を結んだ。現在の国道27号線・303号線にほぼ一致する。

◆五山文化の背景

既にふれたように五山《ござん》とは禅宗寺院の格付けで、朝廷・幕府によって設定されて、この時代の国際文化担い手の中心となりました。禅宗は中国からの輸入でその修行には中国語が欠かせませんし、「五山文学」と称される漢詩文も五山僧侶によってたくさん作られました。通訳として外交使節となったり、外交文書の作成にも貢献しています。五山は確かに仏教施設ですが、それにとどまらない大きな意味を中世日本の国際交流に持ったのです。

◆相国寺の慈照院

慈照院《じしょういん》は、相国寺の塔頭《たっちゅう》の一つです。ここに朝鮮通信使との交流を物語る詩文や絵画などの資料がたくさん残されています。この使節にともなう行政事務は対馬の対州修文職《たいしゅうしゅうぶんしょく》という部署が担当しますが、直接の折衝や文書作成の実務には当然語学などの知識が必須で、これを担ったのが五山の僧侶でした。慈照院からは五人の僧侶がこの職務に従事しており、仏教という範囲をこえて、国と国との友好の交わりに大きく貢献したのです。

◆明庵栄西の入宋

明庵栄西《みょうあんえいさい》は日本臨済宗《りんざいしゅう》の祖とも仰がれ、早くに出家、二度渡宋《とそう》して禅を深めました。鎌倉で活動、のち京都に移って建仁寺の建設にあたります。学僧としてもすぐれていましたが、『喫茶養生《きっさようじょう》記《き》』を著し、茶の効用を広めました。茶は早くから日本にあるのですが、宋から茶の種子を持ち帰り、後世の茶道にいたる茶を普及させたのは栄西でした。今私たちがごく普通に飲んでいるお茶には、こうした国際的背景もあったのです。

◆一山一寧の来日

一山一寧《いっさんいちねい》は、中国人の僧侶です。一二九九年に元《げん》の使節として来日、元寇《げんこう》によってひどく悪化した日中間の関係の修復に貢献しました。スパイの疑いをかけられて幽閉されるなどしますが、やがて鎌倉幕府を取り仕切る北条氏や、また京都朝廷の後宇多《ごうだ》上皇の帰依なども得ました。文学や儒学などにも精通、晩年の二十年ほどを日本で過ごし、京都の南禅寺《なんぜんじ》で亡くなりました。いわば中世日本における渡来人、といえるでしょう。

◆南禅寺聴松院と元の仏像

聴松院《ちょうしょういん》は南禅寺の塔頭で、清拙正澄《せいせつしょうちょう》が建立しました。彼も中国元からの中世渡来人でして、鎌倉幕府執権《しっけん》の北条高時の招きで来日、はじめ鎌倉で活躍し、やがて後醍醐《ごだいご》天皇の帰依をうけて京都に移り、建仁寺・南禅寺などに入ります。小笠原流の創始者小笠原貞宗《さだむね》は清拙に帰依、その教えの禅の作法を元として礼法《れいほう》を完成させたのだそうです。彼がもたらした摩利支天《まりしてん》像は日本では珍しい元時代のもので、あつい信仰を集めています。

◆チンギス＝ハーンになった義経

源義経は、奥州の平泉で亡くなります。その彼が中国に逃れ、モンゴルのチンギス＝ハーン（成吉思汗）になったという説があります。不幸な死に方をした義経をいつくしみ、庶民たちは海外の英雄としてよみがえらせたのです。同じ時代の源為朝《ためとも》は流刑地から沖縄に逃れ、もうけた子が初代琉球王の舜天《しゅんてん》だとも伝えます。これらの伝説成立の背後に、東アジアに広がる交流ネットワークがあったことを見逃してはなりません。

◆山椒太夫の物語

山椒太夫《さんしょうだゆう》は森鷗外の小説で有名ですが、中世から語り継がれた安寿《あんじゅ》と厨子王《ずしおう》をめぐる悲しい物語です。由良（京都府宮津市）の長者が登場するように丹後が舞台で、江戸時代には廻船業が発達する要港です。そこで海運を業とする長者、それが山椒太夫です。日本海地域で活躍する商人、それを考えてはじめて舞台が丹後で、父が筑紫に流され、母が佐渡に売られ、さらに京都がこれにからむ物語世界の広がりが理解できるのです。

◆宋磁の郊外への広がり

中国の宋《そう》（九六〇～一二七九年）の時代は、陶磁器の生産がずいぶん発達しました。その前の唐《とう》王朝が混乱のうちに滅亡し、蓄積された文化・文明が多く失われます。宋はその回復を精力的に行い、その一つが陶磁器産業でした。京都府の八幡市内里《うちさと》八丁や京田辺市門田《かどた》から十二、十三世紀の磁器が見つかっていますが、ここは平安京からかなり離れており、都市中心部ばかりでなく、近郊地域にまで輸入陶磁器がもてはやされていたのです。

◆寺院造営と海外貿易

一九七五年、韓国南西岸の新安《シナン》沖から沈没船が発見されました。膨大な荷物を積んだままでして、宋《そう》や元《げん》の陶磁器その他の交易商品などが見つかったのです。当時の中国の国際貿易都市寧波《ニンポー》から船出して日本に向かうものだったらしいのですが、東福寺の造営の資金調達に仕立てられた船らしいことを示す遺物も発見されました。東福寺造営料唐船で、こうした寺院の建設資金が国際貿易によって担われていたことが知られます。

天龍寺造営のためには、天龍寺船《ぶね》が派遣されました。造営資金を得るため元《げん》に派遣された、室町幕府公認の貿易船です。博多商人がことをとり仕切り、利益の多寡にかかわらず寺に銭五千貫を納入するという契約でした。寺院の造営には膨大な資金が必要でしたし、商人の側もこうした海外貿易への従事で利益をあげていたわけです。当時の日本を取り巻く国際的背景があって天龍寺も造営され得たのでして、興味深い歴史の一こまです。

知っ得コラム

新安沈没船

韓国西岸の木浦《モッポ》沖には多くの島が点在し、歌謡曲で有名になった珍島《チンド》はじめ数十に及ぶ。その沖合の海底から沈没船は発見され、今も遺跡は「新安海底遺物埋蔵地域」として手厚く保護されている。発見遺物で目立つ陶磁器は約二万点にも及び、それらの大半は龍泉窯《りゅうせんよう》（浙江省）・景徳《けいとく》鎮《ちん》（江西省）などの名窯生産のもので、日本でも需要の高い名品であった。他にも大量の銅銭があって、日本で貨幣として使用するためのものであろう。確かに船中に「東福寺」の文字銘のある遺物も見られるのでこの寺の造営のための「造営料唐船」であろうが、どうもそれだけではなく、東アジア海域で手広く商業活動を行う商船でもあったらしい。積み荷に高麗青磁、つまり朝鮮半島産の陶磁器もあって、船材が中国産で中国製と考えられることも合わせ、もっと広い視点で考える必要がありそうだ。

◆鯖街道とアジア交流

鯖街道、京都から若狭へ通じる街道の別名ですが、ここで採れた鯖などの海産物を主に運送したので生じました。京都からまっすぐに花折《はなおれ》断層を北に伸びる道ですが、近江の保坂《ほうざか》（高島市）を経て若狭につながることから分かるように、日本海、さらにはアジアにまで続く国際的な道でもあるのです。ともすれば鯖の名にとらわれて魚介類の運送路とのみ考えてしまいますが、こうした隠れた大きな意味があることが見逃されてはならないでしょう。

西の鯖街道と呼ばれる道があります。鯖街道の西側にあって、京都の北西から日本海につながる道筋です。京都と日本海、つまりはアジアとを結ぶ道はいくつもあります。今その地域振興を目指して西の鯖街道協議会が京都市・京都府南丹市や福井県高浜町・おおい町などで組織されていますが、西の鯖街道も、まぎれもなく京都とアジアをつなぐ道でした。ある場所と他の場所を結ぶ道は、けっして一つではなく多様だったのです。

◆「日本国王」の足利義満

室町幕府三代将軍の足利義満は、東アジア世界で「日本国王」と認定されていました。遣唐使廃止以来だった日中の国交が一四〇一年に、普通日明《にちみん》貿易と呼ばれるかたちで再開されます。博多商人がこれを取り仕切ったように経済活動が目的でしたが、明から国王に任命されたのです。形式的なものでほとんど意味はなかったですが、当時はまだ幕府権力は十分には安定せず、こうした国際的な認知を受けることも大切だったのです。

鯖街道口の碑　京都からの出口、出町橋《でまちばし》（左京区）の西詰にあります。

◆日明貿易の開始

八九四年に遣唐使が廃止されて以来、日中の間に国交はありません。ですが民間での交流、いわゆる私貿易は盛んに行われ、人も物も頻繁に行き交っていました。くり返しますがここはしっかりと押さえておかねばならない点でして、国と国との関係だけが交流ではないということです。たしかに日明貿易の始まる一四〇一年までは国家的な公式交流はないのですが、東アジア世界の民際的な交わりは以前にもまして活発でした。

日明貿易で日中の国家間交流が復活しますが、この交流は実は遣隋使《けんずいし》以前の冊封《さくほう》体制の方式を取ります。南北朝時代の懐良《かねよし》親王の前例がありますが、ともかく中国と日本はまた君と臣の上下関係に戻り、足利義満は「日本国王」に任命されます。貿易上の便宜のためにそうしただけなのですが、形式的なものとはいえ主従関係になったことはその通りです。遣隋使・遣唐使たちが必死で守ってきたわが国の自主・独立は、ここにくつがえされたのです。

◆日明貿易と京都五山

日明貿易に、五山の僧侶たちは大きな役割を果たしました。宗教者ではありましたが彼らが、国交という外交にも貢献したのです。

考えてみれば当然なのですが、現場での日中の交渉には通訳のための語学が必要ですし、外交文書の作成には漢文の習熟が必須です。当時明は海禁策《かいきんさく》、つまり外国との民間交流を極度に制限していましたので、すでに中国文化の蓄積を豊富に持つ五山禅僧たちが活躍するのです。

◆世阿弥は秦氏出身

世阿弥が渡来人の秦氏? きっと不思議に思われるでしょう。でも彼が自分で著書の『風姿花伝《ふうしかでん》』(『花伝書《かでんしょ》』)に、「秦元清」(元清《もときよ》は世阿弥の実名)とはっきり署名しています。世阿弥の大和猿楽《やまとさるがく》は秦河勝《はだのかわかつ》から始まると伝えていて、その伝統を継ぐ自分は河勝の子孫だというのです。女婿の金春禅竹《こんぱるぜんちく》も同じく秦氏を名乗り、今に伝わる伝統芸能の背景に渡来人があることは、能《のう》の源流がもともと外来の散楽《さんがく》であることと考え合わせて興味深いです。

知っ得コラム

能と渡来人

兵庫県赤穂市の大避《おおさけ》神社を訪れたとき、絵馬殿に東儀《とうぎ》俊美《としはる》氏(一九二九—二〇一一)の奉納絵馬が掲げられていたのを見て感動した。よく知られているように宮内庁楽人で、この東儀家は元は大阪の四天王寺楽所《がくそ》に属し、明治になって東京に宮廷・南都・四天王寺の楽所が再編されたときに東京へ移転している。その四天王寺楽所の楽人には本姓を秦氏とする一族があり、その一つが東儀なのだ。元の所属の四天王寺は聖徳太子の創建だし、そこからこの寺に伝わる楽舞は太子側近の秦河勝が起源だという伝承が成立、雅楽に代々たずさわる家々がその子孫を名乗ることになったのであろう。河勝自身が自著の『風姿花伝』でそのことを詳述し、伝承を体系づけている。すなわち自作の面を太子が河勝に与え、「物まね」をさせたところから猿楽《さるがく》(申楽《さるがく》とも。能の起源)が始まったというのだ。世阿弥によって大成された能にはさまざまな要素が混ざり合っているが、基本は古代中国から伝来した散楽《さんがく》であり、そうした国際的背景を知るうえでも河勝と能の伝承は興味深い。

◆キリスト教の京都伝来

キリスト教は外来の宗教です。仏教も外来ですが日本で根付いていて、日本人が外来の文化・文明を受容する高い能力を持つことが知られますが、キリスト教も伝来するやたちまち人々に受容されます。大航海時代という、アジアどころか世界史的背景での伝来でした。京都の布教はポルトガル人宣教使ヴィレラがその最初で、一五五九年です。キリシタン版と呼ばれる出版、金属活字の導入など、ヨーロッパに起源を持つ南蛮文化が隆盛となりました。

キリスト教伝来から半世紀、徳川幕府は急速に禁教を強めます。理由は定かでないですが、大航海時代にその伝来があったように、ヨーロッパ諸国の植民地拡大行動と密接に結びついていましたから、どうもそれを恐れたようです。京都でも南蛮寺《なんばんじ》（教会）がいくつか造られましたが、一六一九年には強烈な信徒弾圧が行われ、改宗を受けいれなかった五十二人が殉教します。日本人の寛容の心が発揮されなかった、悲しい歴史です。

◆伏見城と豊臣秀吉

伏見城は豊臣秀吉の城として有名ですが、なぜ築城されたのでしょうか。もとは彼の隠居所として造られたのですが、明《みん》を征服した時に講和使節を迎えるという国際的な意味もありました。結局その明の征服はありませんでしたからこの目的は果たされることがなかったのですが、当時の大航海時代というヨーロッパ諸国の植民地獲得競争のなかでも、伏見城の歴史的意味を考えてみる必要があるように私は思います。

豊臣秀吉時代の世界

司馬遼太郎さんの短編に『故郷忘じがたく候《そうろう》』がある。今も続く陶芸の沈寿官《ちんじゅかん》をモデルにしたものだが、初代の沈当吉《シムタンギル》は、秀吉による文禄・慶長の役の際に朝鮮から連れて来られた陶工だ。伊万里焼《いまりやき》（有田焼）の祖となった李三平《りさんぺい》（日本名は金ケ江三兵衛）をはじめ、彼らに限らず多くの陶工がこの時代に日本に来て、江戸時代における日本の陶磁器産業発展の基礎になるが、植民地獲得競争はこうした人と文化の動きをも世界規模で引き起こしたことを忘れてはならない。

◆耳塚と文禄・慶長の役

耳塚《みみづか》（京都市東山区）は日本の朝鮮半島侵略の遺跡です。出兵した武士たちが恩賞目当てに耳（実際は鼻らしい）をそいで持ち帰りますが、のちそれを供養のために塚を造りました。一般民衆も犠牲にされたようで、いわば負の歴史です。江戸時代の朝鮮通信使たちが塚にもうで、心を痛めたというのもうなずけます。ただこれも国と国との交わりの一こまであり、正面から受け止めて歴史を前に進めるべきでしょう。

文禄《ぶんろく》・慶長《けいちょう》の役は、一五九〇年代に起こりました。大航海時代と呼ばれ、西洋諸国は世界に植民地獲得の侵略行動に明け暮れていた頃で、その非道な行為はラス・カサスの『インディアスの破壊についての簡潔な報告』にあますところなく描かれています。

豊臣秀吉の朝鮮出兵は正当化できませんが、夢想にせよ明《みん》の征服後に彼が国際貿易都市の寧波《ニンポー》に滞在するという構想は、こうした世界史的脈絡でも考える必要があると思います。

◆竹生島の意味

琵琶湖に、絶海の孤島ともいうべき竹生島があります。ここに鎮座する都久夫須麻《つくぶすま》神社（竹生島神社）がどうしてこれほどあつい信仰を受けるのでしょうか。それは湖上交通の重要さのためです。他に島があるにもかかわらず北寄りのここが信仰の対象になったのは、すぐ北に日本海の敦賀という要港があったからです。敦賀で上陸した人や物は、琵琶湖北岸からふたたび舟運で移動しますが、その航海の安全を祈るためなのでした。

都久夫須麻神社

◆袋中と法林寺

袋中《たいちゅう》は浄土宗の僧侶です。東北に生まれましたが諸地方で修行、やがて明《みん》への留学を企図します。しかし失敗、琉球《りゅうきゅう》にたどり着きました。

当時の琉球には王もおり、日本とは別の国でしたが、その王のあつい帰依を受けて寺院を建立したりしました。滞在中に『琉球《りゅうきゅう》神道記《しんとうき》』（万暦三十三年・一六〇五年成立。日本では慶長十年）を著しますが、万国津梁《ばんこくしんりょう》の地として東アジアに雄飛していた、薩摩《さつま》の支配下におかれる前の海洋国家琉球の社会のさまを生き生きと描いた貴重な史料です。

「だんのうさん」（京都市左京区）こと法林寺《ほうりんじ》は、袋中《たいちゅう》が創立した寺院です。琉球から帰国後、このあたりの有力者の帰依を得てのことです。その後も京都の町衆《ちょうしゅう》をはじめ多くの市民の支持を得ながら布教しますが、最晩年は京田辺市の飯岡《いのおか》で過ごします。あつく上人を慕う名家の援助で西方寺《さいほうじ》を建立、八十八歳の生涯をここで終えました。

仏教の民衆への普及に生涯をささげましたが、とりわけ日本と沖縄の懸け橋になったことが注目されます。

まんろう先生の深掘りコラム

井上満郎（いのうえ・みつお）

海民の国際性と交流性
「渡り」の存在感を知る

　ヴァイキング、今は食事の形式としてしか認識されませんが、もとは北ヨーロッパに活躍したノルマン人たちをいい、海賊、つまりは悪の象徴として取りあげられました。

　スカンディナヴィア半島やデンマーク、また北海・バルト海などが彼らの活躍の舞台なのですが、すぐれた船舶と航海技術でヨーロッパの海を縦横無尽に動きまわりました。確かに海賊的行動もありましたが、交易や文化伝播《でんぱ》において大きな役割を果たし、ヨーロッパの発展に多大の貢献をしたのです。

瀬戸内海で営まれた家船の暮らし。こうした家船は戦後しばらくまでは各地にありました（1954年、広島県尾道市吉和）＝尾道学研究会提供

　日本史の見方の大きな欠陥なのですが、土地を決めて定住し、農業を主産業とした人々を歴史の中心において考えてきました。必然的にそれ以外の産業や農民以外の人々を軽視することになったわけですが、たとえば古代の班田収授《はんでんしゅうじゅ》法がその典型です。全日本人が土地を割りあてられ、農業を営み、稲を納税する、という仕組みが確かにありました。

　でもこれはいってみればタテマエなのでして、実態ということではないのです。たくさんの農業以外の産業に従事する人々がいましたし、近時はこうした人々を非農業民《ひのうぎょうみん》と言ったりします。漁業・狩猟業・山林業・手工業・芸能などがそれで、「渡り」などといいますが、仕事のある場所に行って、そこで生活をいとなみ、また新たな職場を求めて渡り歩くという人々もたくさんいました。土地にしばられて、移動することを予定しない農民からすると、たしかに異質な存在と見えたのでしょう。

堅田は浮御堂で知られ、本福寺などに集う一向一揆は、織田信長と戦闘を交えるほどでした（大津市本堅田１丁目）

　海民でいえば、たくさんの島々のあった瀬戸内海に多かったですが、家船《えぶね》が好例です。固定した住居を持たず水上に生活するので、船がそのままに住居でした。昭和戦後まで見られましたが、その頃まで海を住まいともする人々が日本にはいたのです。中国南部の河や海に活躍した蛋民《タンミン》も有名ですが、彼らは漁業はむろん運輸や交易にも関与しました。

　琵琶湖にも海民がいました。堅田がその拠点で、湖なので湖賊《こぞく》と呼ばれたりします。戦国時代には、堅田水軍として活躍もします。たしかに彼らに海賊的行為もあったようですが、漁業権をはじめ、広大な琵琶湖の湖上交通を独占的に掌握して勢力をたくわえたのです。

　近江はほぼ六分の一が湖で、湖東・湖西・湖南・湖北を隔てているように見えますが、これを近江というひとつの地域としてつなぎ合わせる役目をも彼らは果たしたのでして、海民の存在の大きさを知ることができます。

◆清水寺の南蛮貿易絵馬

清水寺には絵馬が所蔵されていますが、そのなかに角倉船《すみのくらぶね》の巨大なものがあります。一六三四年の奉納ですが、航海安全を祈願してのものでした。翌年には海外渡航禁止令が出されますが、角倉家は京都の有力な海外貿易家です。いわゆる鎖国まで豪商たちは盛んに海外貿易にあたっており、絵馬には「東京《トンキン》」（ハノイ周辺の古称）とあって、ベトナムにまで出かけました。異国人も乗組員に描かれていて、当時の日本の国際色の豊かさが伝わってきます。

京都には寺院や神社は多いのに、なぜ航海祈願絵馬の奉納は清水寺だったのでしょうか。

むろん他の寺社にもあったかもしれませんが、この寺の盛んな観音信仰との関係で理解するのがいいと私は思っています。観音菩薩《ぼさつ》の浄土は補陀落《ふだらく》といいますが、これははるか南海の海上にあると考えられました。海外貿易の対象地は南方の東南アジア諸地域でしたから、ごく自然に観音を本尊とする清水寺と結びついたのではないでしょうか。

●絵馬

馬を画題として描いた額。祈願やその成就の神への感謝のために奉納される。本来は生き馬だったものがのち絵に描いた馬などになった。清水寺には縦・横が二・七メートル×三・六メートルに及ぶ巨大なものまで、角倉船《すみのくらぶね》・末吉船《すえよしぶね》などの絵外貿易家の奉納にかかる絵馬が残っている。

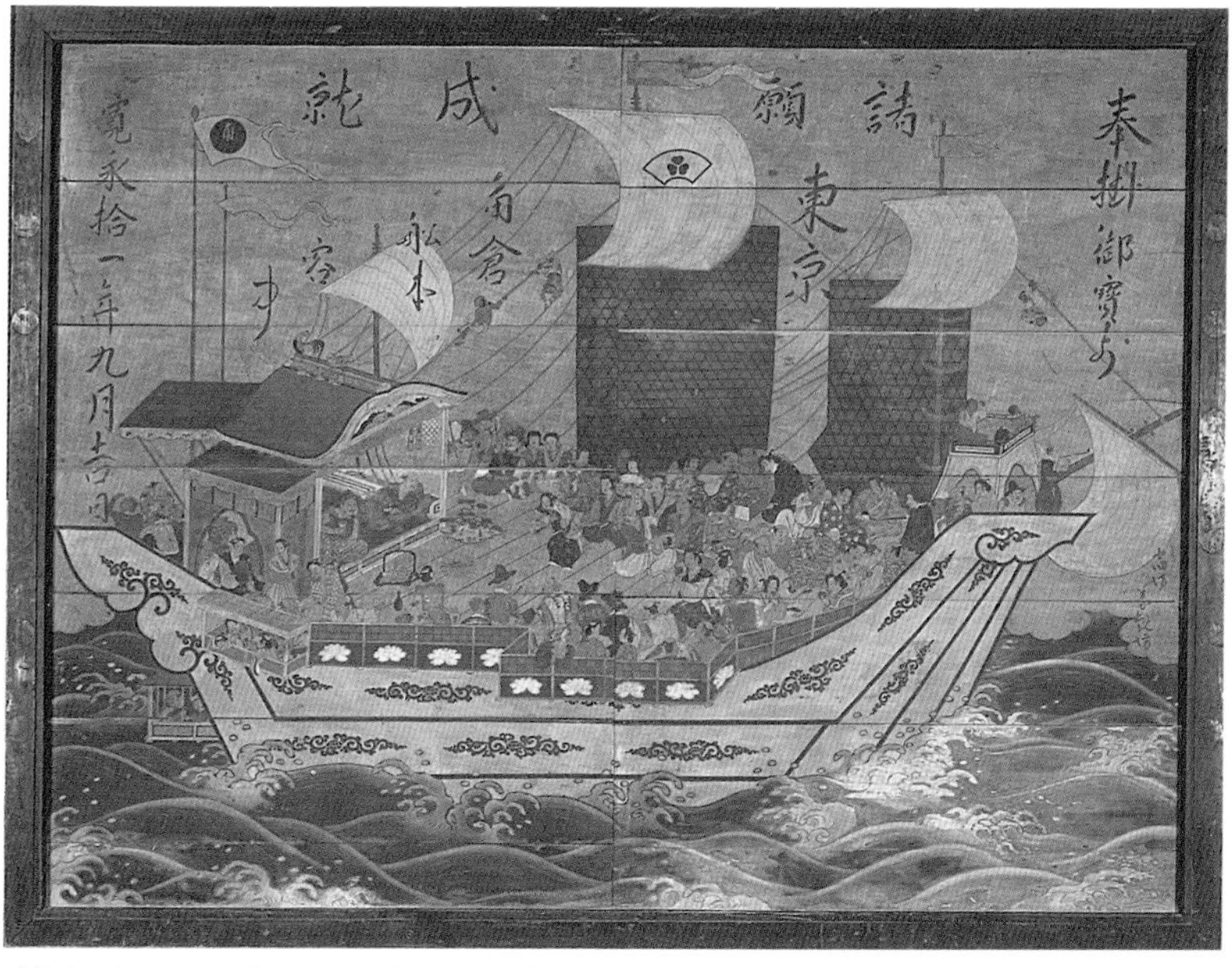

清水寺に奉納された「角倉船絵馬」 左上に「寛永拾一年」と記載があります。

◆田中勝介の通商開始

あまり有名人ではないですが、田中勝介《たなかしょうすけ》は京都の豪商です。漂着したスペイン人をノビスパン（今のメキシコ）に送還するために一六一〇年、日本人としてはじめて太平洋を横断しました。徳川家康の命によるものですが、翌年帰国して家康に謁見《えっけん》、ぶどう酒・羅紗《らしゃ》などをもたらしています。まだ鎖国前ですので、かの地で洗礼を受けもしました。帰国の翌年からキリシタン禁教が強化されることもあって、その後の活躍は不明です。

◆唐人雁木の地

伏見区淀、川の流路は近代以後かなり変わっていますが、ここに唐人雁木《とうじんがんぎ》の跡があります。雁木は船着き場の階段で、唐人は朝鮮王朝の人です。江戸時代に十二回の朝鮮通信使が来日しますが、海路で日本に向かい、淀川をさかのぼってここで下船、あとは陸路で江戸に行きます。文化使節でもあって、大勢の外国人一行を人々は物珍しげに見物しましたし、文化人たちとの盛んな交流も持たれています。鎖国時代日本の、友好の交わりでした。

◆朝鮮人街道の往来

唐人街道とも呼びますが、当時の朝鮮王朝の使節団の通る道です。朝鮮は鎖国時代日本がわずかに窓を開いていた国で、江戸時代では主に将軍代替わりの儀礼的な派遣でしたが、貴重な国際交流でした。首都の漢城《ハンソン》（現ソウル）から船で瀬戸内を通り淀川を溯上《そじょう》、淀で下船して陸路を江戸へ向かい、近江ではこの道を通ります。使節団一行が、近江でもさまざまな交わりを人々との間に持ち、国際交流の花が咲きました。

琵琶湖図（円山応震筆・琵琶湖文化館蔵）朝鮮通信使が湖岸を行進しています。

◆近江商人の全国展開

売手よし買手よし世間よしの「三方《さんぽう》良《よ》し」の商業理念、今も生きていますが、主として湖東の近江人によって担われました。行商からはじまり、やがて各地に店舗を開き、大企業にまで成長しました。

近江商人に系譜を持つ西武・伊藤忠・東レ・武田薬品・ワコール、さらには平和堂・髙島屋、滋賀ばかりでなく日本の産業界に大きな存在をなしています。四通八達《しつうはったつ》の交通と近江人の勤勉さがあいまっての、こうした近江商人の成立なのです。

◆宗安寺の宿り

宗安寺《そうあんじ》は彦根市内にある大きな寺院ですが、近江の国際交流の拠点でした。

というのは、このすぐ側を朝鮮人街道が通っていて、来日した使節たちが宿泊所にしたのです。一行は五百人にも及ぶことがありましたが、その正使・副使などの中心メンバーがここに滞在しました。この使節はいっぽうですぐれた文化人が同行した文化使節でもあり、彼らとの間に詩文のやりとりなどがもたれ、宗安寺は国際交流の場となったのです。

宗安寺

京都の発展に向けて

◆雨森芳洲の外交貢献

雨森芳洲《あめのもりほうしゅう》はそう知られた人物ではなかったですが、上田正昭先生の教えに接された地元の人々などによって人物像が明らかにされました。

長浜市高月町雨森に生まれ、はじめ医学、のち儒学を修めて、対馬藩に出仕。ここは鎖国時代日本にわずかに開かれていた外国との窓口の一つで、朝鮮通信使との外交実務に従事します。芳洲の言葉の、互いに欺《あざむ》かず争わず真実をもってする「誠信《せいしん》の交わり」は、現代にも引き継ぐべき精神です。

長浜市高月町の彼の生地には今、東アジア交流ハウス雨森芳洲《あめのもりほうしゅう》庵が建っています。生涯を顕彰する施設ですが、「東アジア」とあるのが注意されます。そこにまでウイングを広げて芳洲の功績を評価しようとするものでして、日韓の交流のみにとどまらず、海外とのさまざまな民《たみ》と民との交わり、つまり民際的《みんさいてき》活動にあたっています。

館内にたつ石碑「芳洲魂《ほうしゅうだましい》」が何よりもよく物語りますが、芳洲の願いは今も生きているのです。

上田正昭

一九二七—二〇一六。歴史学者。京都大学教授・大阪女子大学長などを歴任し、時代や地域を問わない多くの研究業績を残した。「帰化人」用語に検討を加えて「渡来人」であることを主張、教科書を書き換えた研究は特筆される。

◆彦根城の井伊直弼

井伊直弼《なおすけ》は彦根藩主、また幕府大老としてよく知られます。反対勢力を抑圧したので保守派と目されますが、実は早くに開国と通商を主張しています。幕政の頂点に立った直後に日米修好通商条約に調印、蘭・露・英・仏とも同様に条約を結んでいて、鎖国から開国に大きく日本のかじを切りました。直弼の決断のおもとは分かりませんが、彼が近江に続く古代以来の国際伝統のなかで育ったことにも原因があると私は考えています。

◆南山城の蘭学塾

藤林普山《ふじばやしふざん》は号を普山とは別に筒城《とうじょう》と名乗ったように綴喜郡、今の京田辺市の人です。蘭学《らんがく》者であり医師だったのですが、独学でオランダ語を学び、やがて『訳鍵《やくけん》』を出版します。恩師稲村三伯《いなむらさんぱく》の『ハルマ和解《わげ》』という膨大な蘭和辞書はあったのですが、それを簡略にして改良、重宝されて蘭学普及に貢献しました。出身の普賢寺《ふげんじ》村は当時の京都からはかなり離れた農村部でして、江戸時代も後期ですが、ここまでも西洋の学問は及んでいたのです。

◆大谷光瑞のアジア探検

大谷光瑞《こうずい》は、浄土真宗本願寺の法主《ほっす》という仏教上の高い地位にいました。歌人として著名な九条武子《たけこ》は妹です。当時盛んだったアジアは一つというアジア主義の立場をとり、アジアを知るためということで三度にわたって、彼を中心とする大谷探検隊を組織します。この探検隊は中国はむろん西域《せいいき》からインドまで調査を行い、貴重な成果をあげました。それらの成果の主なものは現在龍谷大学に所蔵され、研究に役立っています。

◆岩倉遣外使節と欧米文化

岩倉具視《ともみ》を団長とする使節団が出発して、二〇二一年は一五〇年でした。条約改正という使命もありましたが、欧米文化の調査という大きな目的もありました。彼のほか木戸孝允《たかよし》・大久保利通・伊藤博文といった新時代を担うことになる人々も同行、貴重な成果をあげています。本格的な欧米との接触の最初でして、女子留学生の津田梅子《うめこ》がわずか七歳で加わっていたことも、新しい日本の夜明けを告げる象徴だったように思います。

●岩倉遣外使節

岩倉具視を全権大使として、一八七一—八三の間に欧米に派遣された使節団。政治目的であった条約改正に失敗し、文化・文明の視察が主目的となった。岩倉のほかにも帰国後に明治政権を担う人々も参加した。随行記が久米邦武による『米欧回覧実記』。

◆新島襄の同志社

京都の同志社の創立者として知られていますが、新島襄《じょう》ははじめ蘭学《らんがく》を学び、まだ明治維新前の一八六五年にアメリカに入国、洗礼を受けて牧師になりました。彼は江戸の生まれでしたが、やがて京都で同志社英学校（のちの同志社大学）を設立します。キリスト教主義をかかげる最初の学校になるのですが、キリシタン禁止令の撤廃されたわずか二年後の一八七五年のことで、彼の国際認識の深さがよく理解できます。

京都御所東にすぐ隣接して新島襄《じょう》の旧宅が今に残ります。コロニアル様式（植民地風）でして、和洋の折衷を基本にした建物です。一八七八年の竣工《しゅんこう》ですから同志社設立直後で、夫妻の私宅でしたが学生にも開放され、彼らがより集うこともあったようです。大河ドラマで有名になった八重夫人は夫に死別後もここで暮したのですが、外観はいかにも洋風で、竣工《しゅんこう》時はまだ明治になって十年、きっと人々の目を引いたことでしょう。

新島旧邸（同志社大学提供）

◆高麗美術館と鄭詔文

鄭詔文《チョン・ジョムン》は、高麗美術館（京都市北区）の創立者です。館名の高麗は、コリアの語源でもある統一時代の王朝名にちなむもので、主として日本統治時代に流出した文化財の収集と、その展示を目的に設立されました。私財を投入しての事業でして、小さな館ですが彼の崇高で高い見識によるものです。一九八八年開館なのでけっして歴史があるとは言えないですが、たとえ一個人でも国際交流の促進に寄与することができるというお手本です。

高麗美術館　主として鄭詔文さんによって収集された文化財約1700点を所蔵しています。正面左右に立つのは朝鮮王朝時代制作の武人像。また「高麗美術館」の門礼は、館に協力をおしまれなかった司馬遼太郎さんの揮毫です

◆哲学の道と蹴上発電所

明治維新で首都は東京に移転、京都は急激に衰退します。さまざまな復興策がとられますがその中心が産業振興で、山裾にめぐらした琵琶湖疏水支線から水を落として、水車をまわして動力を得ようとします。ところが途中で水力発電の実用化が起こり急きょ中断。もし完成していたらきっと銀閣寺周辺は工業地帯になっていたのでして、歴史の妙とでもいうのでしょうか。哲学者西田幾多郎がここを遊歩し、思索を深めたので哲学の道と呼ばれています。

疏水は琵琶湖の水を引いていますが、その水面と京都の平地でかなりの高低差があり、落差を利用して水力発電を行い、その時の蹴上《けあげ》発電所は関西電力に引きつがれ、今も続いています。疏水は多目的で発電にも利用され、日本で最初の市電はこの電力によるもので、首都の位置を失った京都の復興に貢献しました。確かに京都は保守的なところがありますが、こうした海外文明をいち早く受け入れる開明性もしっかりと持っていたのです。

◆フェノロサの墓所

三井寺（大津市）山内の法明院《ほうみょういん》にあります。アメリカ人で、一八七八年に来日し現在の東京大学で政治学などを教えますが日本美術に傾倒、岡倉天心らを育てました。当時の日本は廃仏毀釈《はいぶつきしゃく》の嵐が吹き荒れ、とりわけ顧みもされなかったのは仏教美術ですが、その価値を見いだしたフェノロサたちによって救われたものがたくさんあります。ロンドンで客死しますが、遺言によって彼が愛してやまなかった日本のここに埋葬されました。

まんろう先生の深掘りコラム

井上満郎（いのうえ・みつお）

「海上の道」構想と日本列島
南方世界へ思索広げ

名も知らぬ遠き島より
流れ寄る椰子《やし》の実一つ

だれしもが歌として口ずさんだことがあると思います。島崎藤村の詩です。

藤村といっとき親しかったのが柳田國男で、その柳田が愛知県伊良湖《いらご》岬に滞在している時に椰子の実を見つけました。熱帯の植物なのではるか南方から海流に乗って流れ着いたもので、それを聞いて藤村が感銘を受け、詩にしました。

意志を持たない椰子の実が、海流という自然の力によって日本列島のほぼ真ん中、愛知県にまでたどりつくのなら、意志を持ち、船という道具を造ることのできる人間が、南方世界から日本に来ていないはずはない、柳田はそこまで思索を広げ、日本の歴史と文化の多元的なありようを追究したのです。

伊良湖岬の風景。柳田国男と島崎藤村はほぼ同世代で、詩作を通じて親しく、そこから海上の道構想が生まれました（愛知県田原市提供）

日本は太古から農業社会であるという農村中心史観に彼は決してとらわれず、それまで軽視され見逃されてきたウミやヤマと、そこを暮らしの場とする人々にも温かいまなざしをそそぎました。

伊波普猷（いはふゆう）の『古琉球』。沖縄研究の古典的名著。私のものは弗（ドル）の価格表示。見るたびに複雑な気持ちになります

論文「海上の道」は一九五二年です。ただ書物として『海上の道』の姿をとったのは、それからかなりたった一九六一年のことです。着想は戦前からあったにもかかわらず、その論文化・書籍化が戦後であったことにはどういう意味があるのでしょうか。

彼が卒業したのは東京帝国大学法科大学（のちの法学部）ですが、最初の勤め先は農商務省の農務局でした。農業問題を担当する部局ですので各地を探訪することも多く、農業や農民問題が当面の課題の中心でした。日本で行っていない村は三つだけだ、という柳田〝神話〟もこうした背景で生まれたのでしょう。

流れ着いた椰子を見たのは一八九七年で、したがって関心は早くからのようですが、南方への自分の足での旅行となると一九二〇年で、沖縄・先島諸島へと行きます。いくつかの著作にこの時の探訪の成果はまとめられますが、「海上の道」構想はおそらくは戦後の沖縄などの占領のなかで、沖縄地域を我がもの・我が国として深く認識するところからはじまったものと思われます。

彼のこの見方は、日本の歴史・文化の発展を、戦前のように単一的で直線的なものでなく、複雑系的で多元的であることを主張するものでした。この構想は、今も脈々と受け継がれています。

ミヤコの歴史と京都

ミヤコとは、貴人（ミ。天皇）の宅（ヤ）がある場所（コ）、つまり首都という意味です。意外と知られていないのですが古代には、およそ六十の都がありました。大和朝廷などと呼ばれるように圧倒的に多いのは奈良ですが、京都にも継体天皇の筒城宮《つつきのみや》・弟国宮《おとくにのみや》、聖武天皇の恭仁京《くにきょう》、それに桓武天皇の長岡京・平安京と、五カ所もの首都が営まれています。いかに先進的で中心的な文化環境にあったかが理解できるでしょう。

平安京の都市プランは、中国の都城制《とじょうせい》の模倣です。推古天皇の小墾《おはり》田宮《だのみや》にその萌芽《ほうが》が見られ、藤原京で完成します。そこからも分かるように、遣隋使《けんずいし》たちによってその知識が日本に持ち込まれたのではないでしょうか。移動することを原則とした日本的ミヤコから、動かないことを原則とする中国式都城制へのステージの転換です。碁盤の目状の道路が敷設され、整然とした計画都市、これが最後の古代首都の平安京まで続くわけです。

なじみの深い平安京、この名は市民が付けました。遷都の日が七九四年十月二十二日、名付けは十一月八日。多くの人々が異口同音に「平安京」と呼んだからだとして桓武天皇がこれをくみ上げ、都の名とします。新しい都が平安であってほしいという祈りと願いがここに込められているのでして、従来の地名を名とするのと大きく異なる原理です。そのおかげでしょうか、平安京は明治まで千年、悠久の歴史を刻むことになります。

都城制の採用まで、日本のミヤコはたえず移動しました。神武天皇からはじまって、あくまで原則で例外があるのですが天皇ごとに新たに営まれます。中国はむろん、その強い影響下にあった朝鮮半島でも動かないのが原則でしたので、日本だけが独自の道を歩んだことになります。なぜそうなのかはまだ解明されていませんが私は、前天皇の崩御《ほうぎょ》＝死にともなうケガレをさけるため、という古くからの説に魅力を感じています。

京都のミヤコは、明治に東京へ移ります。市民の猛烈な反対があって東京へは行幸《ぎょうこう》、つまり天皇の一時的な移動なのだと説明してやっと遷都しました。古代以来の長い時間のなかで渡来した人と文化に支えられてきた京都ですが、近代の新首都を目指しての東京移転でした。ですが京都には、多くの渡りくる人びとがもたらした伝統が今も生き続けています。そしてそれは、きっと未来へも受け継がれていくことでしょう。

特別講義

古代史のなかの渡来
—東アジア世界と日本—

■「東アジア世界」から考える

日本列島の歴史と文化を考える際、列島を含めた東アジア世界全体を視野に入れる考察は、明治の近代史学の出発時点から存在する。というよりも明治の始まりには日本の歴史・文化よりも世界（むろん欧米だが）、日本の近代化が欧米をモデルにした以上当然だが、たとえば「万国史《ばんこくし》」の類は翻訳も含めてたくさん執筆・刊行されている。「外国」を視野に入れて日本を考えるという視角は、早くからあったといってよかろう。

日本歴史学のうえで東アジア世界を、世界を構成する単位の一つとして分析する史学を打ち立てたのは、西嶋《にしじま》定生《さだお》と石母田《いしもだ》正《しょう》だろう。これについては田中史生『越境の古代史』（二〇〇九。のち角川文庫・二〇一七）に、要を得た論述もある。

西嶋「六―八世紀の東アジア」（一九六二。のち『日本歴史の国際環境』東京大学出版会・一九八五）がまず先鞭をつけた。中国を軸とする冊封体制《さくほうたいせい》や、漢字文化などの共通する要素をもって「東アジア世界」の存在を説かれた。日本の歴史形成もこの東アジア世界のなかのものとして位置付けられ、とりわけ冊封体制概念は古代日本史の見方を大きく変えることになった。たとえば邪馬台国「女王」の卑弥呼《ひみこ》は、中国の魏《ぎ》皇帝による冊封によってはじめて「倭《わ》王《おう》」たり得たわけで、東アジア世界抜きにその存在を論じることはできないことになる。日本古代史研究に、まさに新しい地平をもたらしたのだ。

ほぼ同じ時期、石母田「日本古代における国際意識について」(一九六二。のち『石母田正著作集四』岩波書店・一九八九)・「天皇と『諸蕃』」(一九六三。のち同書)が著わされる。論題からも察せられるように倭・日本の歴史が、国際的契機を必須のものとして展開されることを強調する。田中がいうように「古代列島社会において、国際政治と国際関係とが互いに分かちがたく結びついている構造」を指摘するわけで、その観点から社会構造にも分析の手を及ぼす。これ以後、一種の〝流行〟の気配をもともないながら、古代日本は国際的関係を基軸にして論じられることになった。ただ西嶋・石母田にも、伝来・流入のルートの観点はほとんど含まれておらず、なお課題の残る現状にあるといえよう。

この直後くらいに朝鮮民主主義人民共和国(北朝鮮)の金錫亨《キムソクヒョン》「三韓三国の日本列島内分国について」(一九六三。邦訳『古代朝日関係史』勁草書房・一九六九)が発表されている。『日本書紀』に見える高句麗・百済・新羅の朝鮮三国は実は日本国内における「朝鮮移住民」の国だとし、古代日本史に則していえば、倭国は「朝鮮移住民」によって全面的に形成されたというものだった。日本での評価は著しく低いし、論証には多くの無理があったが、日本歴史の国際的環境、とりわけて古代日本と朝鮮半島の関係を考える際に、大きな示唆と影響をあたえるものであった。

むろん現在では東アジアという視界を越えて、ユーラシア世界にまでウィングを広げるのが古代史研究の基本姿勢になっているが、なお北アジアや南アジアなどには関説されることは少ない。日本列島における国際的環境の研究はまだ残された課題も多いが、ともかくも「東アジア世界」という観点の成立とその認証を確認しておきたい。

渡来のルート

これらの分析では、時空を越えた「関係」は指摘されるが、その影響の根本ともいうべきルート、渡来人・渡来文化に関していえばその渡来の具体的な道筋ということになろうか、それについては自明のこととされ、触れられるところがない。

なぜそれが問題にされなければならないのか。起点と終点との間の関係が指摘され、したがって影響を及ぼしたことが分かっても、そのルートの線上の地域で、史料は失われてしまっていてもかならず文化・文明の〝影響〟を刻んでいるはずだからである。点でなく、線として、さらには面としての文化・文明の展開を考えねばならないのだといってよい。史料の質量は少ないがそのルートについて考えてみたい。

　後世のことだが高句麗は初回使節が日本海横断ルートで、「越《こし》」（のちの越前）にたどり着いたし（『日本書紀』）、高句麗の後継国の渤海《ぼっかい》国使節も同様で、そのほとんどが日本海横断ルートをとって日本にいたっている（上田雄『渤海使の研究』明石書店・二〇〇二）。この日本海横断ルートの実際を示す資料は多くはないが、「横断」を疑うことはできない。

　たまたま〝発見〟したが、朝鮮半島が日本の植民地化される前ころ、志摩（三重県）の海女が竹島（韓国名独《ト》島《ド》）にアワビ漁に出かけたという記載があった（瀬川清子『海女記』三國書房・一九四二）。志摩の「国崎《くざき》村」（三重県鳥羽市）での聞き書きで、一艘の和船に「女ご《（女子）》が二十人、男が三人」乗り込んで志摩から朝鮮まで行ったとのこと。途中境港《さかいみなと》（鳥取県境港市）に、ついで隠岐から「朝鮮の竹島」へ渡ろうとしたものの風に妨げられて隠岐へ引き返す。今日がいいとの神託を得てあらためて出発、翌日の日暮れに竹島に着く。繋留に難渋していたが、「島にゐる朝鮮の人も天草島から来た漁師も」助けてくれたという。そう大きくない、しかも人力操行船でこの島に、日本からも朝鮮半島からも航行していたのである。時代は異なるとはいえ、渡来という事象を考える時に参考になるだろう。

敦賀に来た加羅国王子

　渡来人の渡来ルートをうかがわせる史料が、『日本書紀』にある。崇神天皇の時代、「額《ぬか》に角《つの》」のある人が「越国《こしのくに》の笥飯浦《けひのうら》」来た。そこで角の有る人の寄港地だということでそこを「角鹿《つぬが》」と名付けたという。敦賀《つるが》（福井県敦賀市）のことで、典型的な地名起源伝承だ。つまり先にツヌガという地名があって、この「ツヌ」を角《つの》として語ったものである。

　この人は「意富加羅《おほから》国」の王子で、海を渡って渡来してきたことになる。「意富加羅」は「大加羅」と称された金官加羅《きんかんから》国で、現在の金海《キメ》地域（慶尚《キョンサン》南道《ナムド》金海《キメ》市・プサン広域市）にあたるだろう。したがってその渡来コースは対馬海峡経由で日本海横断を想定したものではないが、まず「穴門《あなと》」にいたった。「穴門」は長門（山口県北部）で、そこから「出雲国」（島根県）を経て敦賀に到達する。

　問題はその間の行程で、それは「嶋浦《しまじまうらうら》に留連《つたよ》ひつつ、北海《きたつうみ》より廻りて」だったという。「北海」は日本海の古代呼称で、つまりは山陰海岸の島や浦をつたわりながらの航行だった。「嶋浦」の実態は文字からはつかめないが、ここには島も浦も多く存在する。現在は埋め立てや、あるいは自然の土砂堆積などで島や浦は潟湖の体をなさないものが多いので地図だけでは理解しにくいが、古代においては多くの潟湖に恵まれていた。気象知識も発達せず、造船技術も未熟であった時代、こうした潟湖は絶好の待避場所になった。これらを伝わっての日本海航路が存在していたのであって、多くの人や物がこの航路によって渡来した。むろんこの人の渡来は伝承世界でのことだが、背景の地理的叙述は史実を反映していて、日本海航路の存在を指摘できる。

日本海航路上の敦賀

　日本海航路では、敦賀の位置が注目される。日本列島は東西に伸びる長大な山塊が縦断し、日本海側北陸・山陰地域と奈良・京都という古代首都圏との交通を妨げていたが、そのために拠点になったのが敦賀であった。

　北陸地方には陸路の北陸道があったがそれは「小路《しょうろ》」で（『令義解』）、官道としての位置づけは低かった。もっとも「大路《たいろ》」「中路《ちゅうろ》」「小路」と区分された官道のうち、大路の山陽道、中路の東海道・東山道《とうさんどう》以外はすべて小路だったから、北陸道のみがとりわけて低ランクだったわけではないが、ただ北陸道は陸路が使用されることはあまりなかった。

　これは北陸道に限ったことではなく、特に「大路」として日本列島で唯一最高の格付けだった山陽道も、中国山地から瀬戸内海に向かって突き出す多くの尾根筋、つまりは峠に陸上交通は妨げられて（卑近なたとえだが山陽新幹線に乗ると多くのトンネルを通過するが、張り出す尾根筋を次々に突っ切るからである）、実際には瀬戸内海の水上交通が用いられることが多かった。大量輸送の可能な舟運は、海賊などの危険はあったものの、近代日本になって鉄道が普及するまでの主要なヒト・モノの移動・輸送手段であった。

　敦賀の歴史的重要性をよく示すのは、官物である「雑物《ぞうもつ》」の輸送に関する規定である（『延喜式』）。北陸道地域は若狭のみが陸路の若狭街道（九里《くり》半越《はんご》え。国道三〇三号線）で勝野津《かちののつ》（滋賀県高島市。以降は琵琶湖水運）に運送されるとあって他と異なるが、他の北陸諸国はいずれも海上をまず敦賀まで輸送することになっていた。そこから越前・近江間の低い国境丘陵を越えて琵琶湖北岸に陸送、塩津《しおつ》・海津《かいづ》などの津からは琵琶湖を南下する水運を用いた。敦賀は北陸方面からの移動・輸送の中継地点だったのだ。

　仲哀《ちゅうあい》天皇はこの敦賀に行幸し、「行宮《かりみや》」を設け、それは「笥飯宮《けひのみや》」と称されたという（『日本書紀』）。行幸地となったばかりか、短期とはいえ滞在を前提とする行宮を設営、そしてその名称まで定められたことになる。日本海岸のこの地の重要性をよく示している。

　そして天皇はここから皇后を敦賀にとどめたまま「紀《き》伊国」に行き、熊襲《くまそ》がそむいたという情報を得てこれを打倒しようとした。そこで紀伊から「穴門」（長門）、つまり瀬戸内航路を使って九州に行くという設定になっていて、敦賀の皇后に穴門に来るようにとの指示を出す。天皇は「豊浦津《とゆらのつ》」（下関市豊浦町《とようらちょう》）に滞在、そこへ皇后が「角鹿」から合流した。話の流れから考えて敦賀から豊浦津まで日本海航路が想定されており、伝承ではあるがここでも日本海航路の存在を指摘することができる。

■日本海のパワー

　実は日本海岸の持つ〝パワー〟は大きかった。

　垂仁天皇は「丹波《たには》」の五人の女性を后妃とした（『日本書紀』）。この「丹波」は丹後が分離される前の丹波・丹後（京都府中部・北部）全体の地名で、そのうちのどこかは不明だが五人の一人に「竹野媛《たかのひめ》」が見え、この「竹野」は今も地名が残る丹後半島の西付け根近く、京丹後市丹後町竹野《たんごちょうたかの》にあたり、京都府下最大級の前方後円墳である神明山《しんめいやま》古墳、また隣接して式内社竹野《たかの》神社もある。古代天皇の婚姻はさまざまな原因で成立するが、多くはいわば政略、その女性の属する豪族との提携関係を目指してのものといってよい。この地域の豪族が大王家によって姻戚関係の締結が求められるほどの勢力だったことを示し、では何ゆえにそれほどの勢力を築けたのかといえば、日本海航路、つまりはその流通経済と交通の掌握であった。神明山古墳は埋め立て等によって今は内陸部の丘陵先端上になってはいるが、古墳の築かれた当時は深く浦が入りこんでいて、かつては良港としての機能を持っていたのであり、その眼前に古墳は位置していたのである（魚津知克「『海の古墳』研究

の意義、限界、展望」、『史林』一〇〇―一・二〇一七参照）。

いっそう日本海の持つ意味を語るのは、継体天皇（在位五〇七―三一）をめぐる様相で、その擁立基盤はまぎれもなく日本海岸にあった。前段で状況理解の不能な倭彦王《やまとひこのおおきみ》の擁立失敗を述べたあと、近江の彦主人王《ひこうしのおおきみ》が越前から迎えた振媛《ふるひめ》との間にもうけた継体が新たに擁立される。継体は父の死後に母が郷里の「高向《たかむこ》」に帰り、そこで成長したことになっている（『日本書紀』）。高向は福井県坂井市丸岡町《まるおかちょう》にあたり、九頭竜川《くずりゅうがわ》の河口近くである。

そして継体を迎えにいった使者が向かったのは、越前「三国《みくに》」であった。同じく坂井市三国町だが、北前船の寄港地として近代にまで港湾機能をもって繁栄した日本海岸の港だ。継体はこの周辺、つまり日本海岸を中心的なバックグラウンドとして存在していたわけで、この地域の持つ経済力を基礎とする豪族勢力の巨大さを推測することができる。もちろん実際のその即位については、継体が河内地方現大阪府八尾市あたりの豪族である河内《かわちの》馬飼首荒籠《うまかいのおびとあらこ》とのネットワークを持っていたこと、つまり瀬戸内海水運での海外との交流・交渉をも情報として入手していたことを見逃すわけにはいかないが（井上満郎「継体天皇と河内馬飼首荒籠」、『京都府埋蔵文化財論集七』京都府埋蔵文化財調査研究センター・二〇一六）、即位のおおもとの基盤はまぎれもなく日本海岸地域にあった。

■敦賀の重要性

応神天皇は「越国《こしのくに》」に行き、気比《けひ》神宮《じんぐう》（敦賀市）の「笥飯大神《けひのおおかみ》」を拝した（『日本書紀』）。この時に大神と応神はその名を交換、ために大神は「去来紗別神《いざさわけのかみ》」、応神は「誉田別尊《ほむたわけのみこと》」となったという。古代には名前はその人の生命力そのものと捉えられたが、天皇という古代日本最高の存在がその名とするほどに、敦賀の笥飯大神の神格は高かったわけである。

武烈《ぶれつ》天皇の時代、平群真鳥《へぐりのまとり》が国政を専断し、「日本に王」たろうとした（『日本書紀』）。この時真鳥の子の鮪《しび》は、武烈が妃としようとした影媛《かげひめ》を横取りする。事を知った武烈は父子ともの無礼をとがめ、討伐させた。滅ぼされる際に真鳥は、「塩を指して」呪いをかける。その時に「角鹿海《つぬがのうみ》」の塩だけ呪いをかけるのを忘れ、ために呪いのかかっていない敦賀の塩だけは天皇の食膳に供されたというのであり、他にこの事実は確認できないが、敦賀だけが特別扱いされてしかるべき地であったことが理解できる。

少し後のことになるが、「諸楽《なら》（奈良）の左京」住人の楢磐島《ならのいわしま》が大安寺《だいあんじ》（奈良市）から「商いの銭」を借りて「越前の都魯鹿津《つるがのつ》」に出かけた。そこで物品を購入して奈良に持ち帰って販売、利益を得ようとしたのであるが、奈良平城京から遠方の敦賀にまで商品の買い付けに行っていて、ここへ来れば多種多様の商品が入手できるということである。そこには北陸一帯の産品とあわせて外国産の物品も集まっていて、国内ばかりか東アジア地域との交流・交渉の接点でもあったことになる。

これまた後年の平安時代のことではあるが、「商人《あきびと》の主領《すりょう》」に設定されている架空の「八郎真人《はちろうのまふと》」は、「俘囚《ふしゅう》の地」（東北地方）から「貴賀《きかい》が嶋」（九州西部）までを商圏として商業活動を行なっていた（『新猿楽記《しんさるがくき》』）。彼は「泊浦《とまりうら》」を渡り歩いていたが、ここには見えないものの敦賀もそのうちの一つで、そこに記載された膨大な「唐物《からもの》」、すなわち輸入品が売買されたかと思われる。古代の大陸交渉の要地であった敦賀は、ただに渡来人とその時代に限らず、日本列島における「表日本」の根幹の役割を果たしていたのである。

渡来人の渡来

具体的な渡来人の渡来について、渡来のルートについては史料的に不明に近いのだが、今少し述べたい。渡来人については上田正昭『帰化人』（中公新書・一九六五）以来多くの人が論じているが、ここでは渡来系氏族の雄族としてしばしば取りあげられる秦氏《はた》・漢氏《あや》について考えてみる。

秦氏は早く、漢氏との比較において「殖産的」と称されたように（竹内理三「古代帰化人の問題」一九四八、『竹内理三著作集4』角川書店・二〇〇〇）、日本列島の産業開発に大きく貢献した（井上『秦河勝』〈吉川弘文館・二〇一一〉でそれなりに論述しているので参照されたい）。その渡来については『古事記』『日本書紀』ともに記載がある。

『古事記』は応神天皇時代のこととして、①海部《あまべ》・山部《やまべ》を定めた、②「剱《つるぎ》の池」を造った、③「参渡《まいわた》」ってきた新羅人を建内宿禰《たけしうちのすくね》に引率させて「百済《くだら》の池」を造った、④「阿知吉師《あちきし》」（『日本書紀』は「阿直伎《あちき》」）・「和邇吉師《わにきし》」（同「王仁《わに》」）が渡来、⑤「手人韓鍛《てひとからかぬち》」「呉服《くれはとり》」など技術者が渡来、に続けて「秦《はだ》の造《みやつこ》が祖《おや》、漢《あや》の直《あたい》が祖」が「参渡《まいわた》り来ぬ」と記している。異なった時点の異なった出来事をここにまとめて記載したことが知られるが、①秦氏・漢氏の祖先が、②応神天皇時代に渡来、と漠然と記すのみである。どこからとも、どれだけの人数とも、先祖が誰とも、いっさい記録していない。これが渡来人についてのもとの〝記憶〟で、渡来の実態を想像すれば理解できるが、渡来という現象はあくまで民衆レベル・生活レベルでなされた移動・移住で、本来的に記録に残されるようなものではなかった。

むろん「民衆レベル」といえない七世紀後半の百済国滅亡にともなう官僚の集団「亡命」・集団「招聘」のような、そうでない要素を含むものもあるが、それでも六六一年の「近江国の墾田《はりた》」に配された「唐の俘《とりこ》」百六人（『日本書紀』）、六六五年の「近江国の神前《かむさき》郡」に配された「百済の男女」四百余人（同）、同年の「近江国の蒲生郡」に配された「男女」七百余人（同）など、また記録に残らなかったものも含めて七世紀後半における渡来も、多くが一般民衆であったことは確実である。

『古事記』の秦氏渡来伝承は、『日本書紀』にも対応する記載を持つ。「弓《ゆ》月君《づきのきみ》、百済より来帰《まうけ》り」とし（『日本書紀』）、彼が「人夫《たみ》百二十県《こほり》を領いて帰化」したものの、「新羅人《しらきひと》」によって妨げられ「加羅《から》国」に抑留された。そこで葛城《かつらぎの》襲《そ》津彦《つびこ》を派遣、召還しようとするが襲津彦は三年も帰国しなかった。そこでさらに精兵を派遣、ついに彼らは渡来する。

秦氏は新羅系の渡来氏族であり、そのハダ・ハタの名乗りは現在の韓国東岸、慶尚北《キョンサンブク》道《ド》蔚珍《ウルチン》郡の「波旦」によるとしていいと思っているが（拙著『秦河勝』参照）、『日本書紀』には「百済より」と明記される。そこで秦氏の百済出身説も唱えられるが、「より」とあるのは「経由した」ということと私は理解している。『日本書紀』にはここがまさにそうなのだが、渡来が新羅によって妨害されたと創作するように、しばしば新羅との敵対関係を反映する記事がある。これは『日本書紀』成立時の認識に、史実として新羅国と敵対関係にあったことの記憶を反映するものに過ぎず、秦氏渡来での新羅国の妨害をそのままに史実とするわけにはいかないし、あわせて百済「出身」説に加担することもできない。国際関係の良好だった百済国を経由したのだと創作したと考えるのが適切だろう。

要するに『日本書紀』でも秦氏の系譜は記録されず、『古事記』と比べて祖先は「弓月君」、規模は「百二十県」、「百済より」渡来、新羅に妨害されて途中の「加羅」で停滞、襲津彦がそれを召還、とかなりに詳細の度を加えているが、それでも先祖が中国王朝、まして秦氏の始皇帝とはどこにも記していない。氏族の系譜については、はるかにさかのぼる五世紀、稲荷山古墳（埼玉県行田《ぎょうだ》市）の鉄剣に当事者の「乎獲居《ヲワケ》臣」の「上祖意富比垝《オホヒコ》」から「其の児多加利足尼《コタカリスクネ》・其の児名は弖已加利獲居《テヨカリワケ》・其の児名は多加披次《タカハシ》獲居」と代々の系譜が記載されており（『稲荷山古墳出土鉄剣金象嵌銘概報』埼玉県情報資料室・一九七九）、また当然『日本書紀』にも多くの氏族系譜が記載されている。

したがってもし弓月君の祖先系譜が存在しておれば、ここまで渡来の様相が記されているのに系譜が記載されないはずはない。それがないということは、祖先系譜が確立していなかったからだというほかかない。

創作された祖先伝承

つまり秦氏はその系譜について当初は記憶も記録もなかったのだが、八一四年の『新撰姓氏録《しんせんしょうじろく》』段階になると事態は一変する。これは各氏族に保持されていた本系帳《ほんけいちょう》を元として編さんされた書物で、これ以前の史料要素をも含むが、ともかくその秦氏に関する記載はいっきょに詳細化する。書物の何ヵ所かに系譜記載は見えていて、秦氏は「秦の始皇帝の後《すえ》なり」と明確に中国秦の皇帝に結びつけている。そしてそこから「功智王《こうちおう》」「弓月王《ゆづきおう》」ときて、この弓月王が応神天皇時代に「百廿七県の伯姓《たみ》」を率いて「帰化」、さら「真徳王《しんとくおう》」「普洞王《ふとうおう》」「雲師王《うんしおう》」「武良王《むらおう》」と続ける。まさに系譜が成立していて、『新撰姓氏録』ないし本系帳で秦氏が秦の始皇帝の子孫として位置付けられたことが推測できるだろう。

要するに祖先系譜は史実の渡来とは異なる〝あとづけ〟なのであり、この系譜をもって秦の皇帝の子孫といえないことはむろん、中国からの渡来であるということもいえない。この秦氏と「同祖」だが別の一族として立てられた太秦公《うずまさきみ》氏は、「秦始皇帝の三世孫」の「孝武王《こうぶおう》」が始祖で、そこから「功《こう》満王《まんおう》」「融通王《ゆうずうおう》」と続けていて、同じ始皇帝を先祖とするものの系譜は異なって創作しているのであり、ここでも〝あとづけ〟であることを知ることができる。

いっぽうの漢氏はどうか。『古事記』での渡来伝承は、右に触れたように秦氏とともにただ応神天皇時代に渡来があったというのみで、どこからとも、どれだけの規模とも、先祖が誰とも、具体的な記載をこの氏族もいっさい持たない。

　『日本書紀』では、同じ応神天皇時代のこととして、「倭漢直《やまとのあやのあたい》の祖阿知使主《あちのおみ》、其の子都加使主《つかのおみ》」が、「党類《ともがら》十七県」を率いて「来帰《まうけ》」りとする。倭漢氏《やまとのあや》は一般に漢氏と称する氏族集団の中核の一族で、飛鳥（奈良県高市《たかいち》郡明日香《あすか》村）を中心に全国に広がって居住した。のち中国王朝漢《かん》の皇帝子孫を主張し、祖先人名が特定され、規模も特定されるが、ここでもやはり先祖の名を記すのみで、その系譜は記されない。『日本書紀』時代は門地が重要視された時代であるにもかかわらずここに系譜が出ないということは、やはり秦氏のケースと同じようにその系譜が成立していなかったことを物語るものと思われる。

　漢氏の祖として『日本書紀』に登場する阿知使主は、のちに「縫工女《きぬぬいめ》」を求めて「呉《くれ》」に派遣され、呉王から与えられた「兄媛《えひめ》・弟媛《おとひめ》、呉織《くれはとり》、穴織《あなはとり》」を伴って帰還している。技術者を連れ帰るという重要な役割を果たしたのだが、やはり祖先系譜は記されていない。

　のちこの一族の最大勢力となる坂上《さかのうえ》氏の系譜に、その詳細が見えている。よく知られた征夷大将軍坂上田村《たむら》麻呂《まろ》の父である苅田麻呂《かりたまろ》が、七八五年に忌寸《いみき》から宿禰《すくね》への改姓を申請した（『続日本紀』）。そこで苅田麻呂は「後漢《ごかん》霊帝の曾孫阿智王《あちおう》の後」であって、漢が滅亡したときに中国を出て「帯方《たいほう》」に行き、そこからさらに日本に渡ったという。「帯方」は帯方郡で、現在の韓国京畿道《キョンギド》から北朝鮮黄海道《ファンヘド》あたりにあった、後漢にはじまる中国の植民支配地である。のちこの阿智王が「母弟廷興徳《ていこうとく》と七姓の民」を率いて「帰化来朝」し、それは応神天皇の「御世」だったという。

　つまり漢氏は①中国皇帝の子孫、②朝鮮半島を経由して渡来、ということになるのだが、この②については秦氏のほうはその要素を史料の上で持たない。秦の始皇帝との系譜関係を主張するのみで、朝鮮半島からの渡来ないしそのルートの伝承は記されていない。

渡来の時代

　渡来人たちが渡来した時代はいつか。これについても早く上田『帰化人』が⑴紀元前二〇〇年頃、⑵「応神・仁徳朝を中心とする」五世紀前後、⑶「雄略朝から欽明朝」の五紀後半～六世紀初め、⑷七世紀後半、を指摘されて以後多くの考察があるが、私の重要とする渡来の画期・ピークについて、京都盆地（京都市）を舞台として述べる。

　京都の渡来人といえば秦氏でその

居住は、漢氏が大和高市郡でこの一族以外は「十にして一二なり」（『続日本紀』）といわれるのに対比できるほどその比率は高かった。秦氏に関説した著書は多いが、加藤謙吉『秦氏とその民』（白水社・一九九八）・水谷千秋『謎の渡来人秦氏』（文春新書・二〇〇九）が包括的にこの氏族を論じているのでそれらを参照されたいが、秦氏と京都とのかかわりは、『政事要略』に引用された「秦氏本系帳」にその内実を見ることができる。すなわち、

　秦氏本系帳にいわく、葛野大堰《かどのおおい》を造ること、天下に誰か比検すあらんや。是れ秦氏の種類を率い催して造り構うるところなり。昔、秦の昭王、洪河を塞堰して溝澮し、田を開くこと万頃にして、秦の富数倍す。（中略）今の大井堰《おおいのせき》の様、則ち彼に習いて造るところなり。

とするもので、彼らが祖とする秦王朝の昭王（在位紀元前三〇七―二五一。始皇帝政《しこうていせい》の曽祖父）の事績や故事を引き、秦氏が「種類」（一族）を動員して葛野大堰を建設したという。葛野川《かどのがわ》は現在の桂川《かつらがわ》のことで、古代にはこう呼ばれた。そこに「大堰」を造ったといい、それは「今の大井堰」で、自分たちの祖先の偉業にならっての建設だというのだ。「今の大井堰」の正確な位置は不明だが、少なくとも平安時代には「大堰」は現存しており、しばしば貴紳の遊覧に用いられた。もっともこの記載は本系帳という自族を顕彰するための史料記載だからそのままには信頼できず、別の史料・資料に基づいて検討しなければならないし、秦氏渡来の時期についてもここに明示はない。

　そこで参照されるべきは、古墳に関する考古学の調査・研究の成果である。

嵯峨野の古墳

京都盆地にも早くから古墳は営まれた。開発などによって消滅してしまったものもあるので分析はそう簡単ではないが、四世紀初頭から古墳の築造は認められる。

　ただその地域展開には大きな特徴があって、岩倉・八坂《やさか》・深草・桃山・山科・低地・嵯峨野《さがの》・宇治・長岡・向日・樫原《かたぎはら》山田とグルーピングされたなかで、「嵯峨野グループ」には五世紀末ころまで古墳が出現していないのだ（丸川義広「京都盆地における古墳群の動向」、『田辺昭三先生古稀記念論文集』真陽社・二〇〇二）。おおまかにいえば古墳は豪族の墓所であり、古墳がないということはそこには豪族がいなかったということになる。では五

世紀末にどうして古墳が成立するのか。つまりは豪族が成立することができたのか。

そこで参考になるのが葛野大堰の建設である。古代にあって飲用水は基本的に井戸・泉から採取するので、河川の「堰」はむろん農業用水確保のためであり、しかもそれは規模の大きな「大堰」とされている。そこから直接の取水を受ける家だけでは修理に堪えないほどの例として葛野大堰があげられていて(『令集解《りょうのしゅうげ》』)、灌漑の範囲がきわめて広かったことが推察できる。つまりは大量の田地を灌漑したわけで、その対象に嵯峨野《さがの》も入っていたことは容易に想定できよう。この秦氏が主導した事業によって、従来は水田農業の不可能だった高燥な「野」の嵯峨野が、稲作可能な地域環境に変じたのだ。

そのように考えることができるとすれば、「嵯峨野グループ」の古墳は多くがこの事業によって勢力を伸ばした秦氏一族の墓所ということになり、古墳が五世紀末だとするとその豪族の生きた時代は五世紀後半ということになろう。このころに秦氏は京都盆地に渡来・定住したのであり、渡来と京都定住の時期が一致するかどうかなど検討課題は多いが、五世紀後半に秦氏の渡来時期を求めることはおおむね誤っていないのではないか。

移住民の時代

五世紀、とりわけその後半は、朝鮮半島は政治的にきわめて流動した状況にあった。早くこれを「五世紀は移住民の世紀」と言ったのは山尾幸久『古代の日朝関係』(塙書房・一九八九)だが(のち「五世紀の第二四半期から末にかけて」〈同氏『古代の近江』サンライズ出版・二〇一六〉)、まことにそのとおりで、朝鮮半島から多くの人々が日本列島に移住してきた。また朝鮮半島側からの移動をうながす誘因、つまり「移住民の必然性」として「朝鮮半島において、彼らの安定した暮しを成り立たなくさせるような、政治的・軍事的な状況」と、他方で「日本列島の側に彼らを必要とする社会的・経済的な事情」があったことが(山尾前著)、見逃されてはなるまい。

朝鮮半島側の、渡来人をいわば〝押し出す力〟は主に戦乱である。五世紀のはじめは高句麗が強大化し、広開土《こうかいど》王《おう》の時代を経て四二七年、南進して丸《がん》都《と》城(中華人民共和国吉林省集安《しゅうあん》)から平壌《へいじょう》城(朝鮮民主主義人民共和国平壌《ピョンヤン》)に遷都した。四七五年にはこの高句麗の百済攻撃によって王の蓋鹵《がいろ》王《おう》は戦死、国家としての百済国はいったん滅亡に追い込まれる。一般国民がこれらの戦乱をさけて移動を余儀なくされることは当然で、百済に対する高句麗の攻勢は北から及んだから、人々は南にそれをさけて移動する。「国境」のなかった時代、それらの人々は対馬海峡や日本海を越えて日本列島に移住したのである。

■渡来人の歴史的意味

秦氏など渡来人の渡来は、五世紀に大きなピークを持つことが以上で理解できるが、だとして彼らは日本の歴史・文化にいかなる〝力〟として働いたのか。

その発見は大きな話題となったが一九七八年、埼玉県行田市稲荷山古墳出土の鉄剣の金象嵌の銘文が解読された（前掲『稲荷山古墳出土金象嵌銘概報』）。さまざまな議論が行なわれ、おおむね理解が共有されているのは、この古墳に埋葬された地元豪族の「乎獲居臣」が、ヤマトの「獲加多支鹵《わかたける》大王」こと雄略天皇の政権に「杖刀人首《じょうとうじんのしゅ》」として出仕していた、ということである。つまり雄略天皇時代の五世紀後半には、ヤマト王権は関東までを支配下に組み入れていたことが確認されたわけで、国家がこの時代に成立し、それと合わせて大王権力がその同一家系世襲慣例も含めて形成されたことが理解できる。

ここに見える「大王」は、熊本県玉名《たまな》郡和水《なごみ》町の江田船山《えたふなやま》古墳出土の銀象嵌銘大刀にも「台（治）天下獲□□□鹵大王」と見え（東京国立博物館『江田船山古墳出土国宝銀象嵌銘大刀』吉川弘文館・一九九三）、この銀象嵌の剥がれた「□□□」部分は、稲荷山鉄剣銘から判断して「加多支」と思われ、すなわち熊本県の地元豪族も、このケースでは「典曹人《てんそうじん》」として雄略天皇の宮に奉仕していたことになる。

この二つの史料の語るものは大きい。つまり関東から九州を覆う支配権を維持した王権が、この時代には成立していたのであり、『日本書紀』『古事記』が無機的に物語る初代神武天皇以来のヤマト王権とその国家の歴史は、実際には稲荷山鉄剣銘に見える「辛亥《しんがい》年」、すなわち西暦四七一年のこの世紀から始まることが推定できることになる。「画期としての雄略朝」（岸俊男「画期としての雄略朝」一九八三、のち『日本古代文物の研究』塙書房・一九八八）といわれるのはこの史実をもととするし、従来は誇張表現であって歴史的には信頼をおけないとされてきた倭王「武《ぶ》」の「みずから甲冑をつらぬきて山川を跋渉《ばっしょう》し、寧処《ねいしょ》に遑《いとま》あらず。東は毛人《もうじん》を征すること五十五国、西は衆夷《しゅうい》を服すること六十六国、渡りて海北を平ぐること九十五国」(『宋書』)という上表文も、史実を大きくは外れていないのではないかと推測される。日本における「国家」の成立については煩雑な議論があるが、都出《つで》比呂志『古代国家はいつ成立したか』(岩波新書・二〇一一)などで「初期国家」が指摘され、世界史的な観点での検討が進められている。

■古代日本の力学的発展

　五世紀は、日本の歴史・文化が力学的発展をとげた時代だと思う。そしてそれを実現させた最大の要素が、渡来人と渡来文化であった。すでに紀元前後ころから日本列島は東アジア世界との交わりを持ち、人と文化が渡来してはいたが、まさに力学的にその波がこの世紀に質的にも量的にも大量に渡来・流入し、日本の歴史・文化を前に押しすすめた。

　古代日本には、多くの渡来人が渡来した。秦氏・漢氏もそうだが、これら渡来系氏族が、在来の日本人と対立・抗争を引き起こしたという事実はまったくない。

　なるほど中納言和家麻呂《やまとのいえまろ》は渡来人の出自ゆえに薨じたときに、「人となり木訥《ぼくとつ》にして才学なし。帝の外戚を以って特に擢進《てきしん》(抜擢)せらる。」と閣僚級までの昇進を桓武天皇の依怙ひいきだと、なかば非難の言葉を浴びせられている(『日本後紀』)。ただこうした例は政治の世界にとどまり、庶民世界にまで及んだふしはない。渡来人は「個性」をその後ももち続けるが、〝在来〟人とともに日本の社会を構成したことが見逃されてはならないと思う。

　世界には民族の移動にともない激烈な対立・抗争が起こり、内乱・戦争にまで及んだ例は枚挙にいとまない。しかし日本にはそうした紛争は皆無なのであって、具体例をあげることは控えざるを得ないが、それは〝重層性〟にあると私は考えている。世界の多くの例のように、移動した先に自分たちの民族性を持ち込み、そこにある在来を否定・排除し、コロニーを築くことを渡来人はしなかった。かえって渡来人のもたらした文化・文明との重層によって日本のそれは進展し、高められたのであった。渡来・在来の双方の軟らかなお互いへの眼差しが、新しい日本を築く原動力となったといってよいだろう。

◆◆◆「渡りくる人びと」年表 ◆◆◆

約２万年前	寒冷期が終り、日本列島が大陸から分離する。
紀元前５～４世紀	稲作が日本列島で本格化する。渡来人渡来の最初のピーク。
57	倭の奴国（福岡市あたり）の王が中国王朝と交流。
107	倭の国王が中国に使節を派遣。
239	邪馬台国女王卑弥呼が中国に使節を派遣する。
266	卑弥呼の後継者台与が中国に遣使。以後150年ほど日中の国交が途絶する。
413	倭の五王の中国との交流が開始。
478	最後の倭の五王の武（雄略天皇）が使節を派遣。この頃渡来人渡来の最大のピーク。
５世紀後半	嵯峨野に秦氏一族の古墳が多く営まれる。
538	仏教が日本に公伝し、日本人の宗教信仰として広まる。
562	新羅が加羅諸国を併合。
588	百済から僧侶・仏具や工人派遣を得て法興寺（飛鳥寺）を建立。
595	恵慈が高句麗から渡来、聖徳太子の師となる。615年帰国。
600	遣隋使派遣を開始。日中国交が回復する。
603	秦河勝が聖徳太子から仏像下賜を得て広隆寺（葛野秦寺）を建立。
607	小野妹子が遣隋使となる。
630	最初の遣唐使として犬上御田鍬たちを派遣する。
645	大化改新のクーデターが起こる。
647	秦河勝が赤穂市坂越で死去、墓所が生島に営まれるという。
660	百済、ついで668年高句麗が滅亡。両国からの渡来がある。
663	白村江の戦で朴市秦（依知秦）田来津が戦死する。日本最初の対外戦争。
667	大津京へ遷都。672年壬申の乱後に飛鳥に戻る。
669	鬼室集斯ら百済亡命者が蒲生郡（滋賀県日野町あたり）に住む。
701	秦都理が松尾大社を創建する。
710	平城京に遷都。
711	秦中家が伏見稲荷大社を創建する。
741	恭仁京に遷都、秦島麻呂が多額の寄付をする。
745	紫香楽宮が新京となる。

778	渡来人漢氏の坂上田村麻呂が清水寺を創建。
784	長岡京に遷都。
794	平安京に遷都。
804	この時の遣唐使で最澄・空海が入唐、新しい仏教文化をもたらす。
805	渡来人子孫の最澄が延暦寺を創建。
834	実際に渡唐した最後の遣唐使が任命される。
894	菅原道真の建言によって遣唐使派遣が中止される。
986	奝然が宋から帰国して仏像を持ち帰り、清涼寺に安置する。
988	源信が宋商人にたくし、『往生要集』を天台山国清寺に贈る。
1019	中国東北地方の女真人たちが日本に来襲する。刀伊の入寇。
1086	京都の物流拠点の鳥羽が開発される。
1173	平清盛が大輪田泊を修復し、日宋貿易に力を入れる。
1180	福原遷都（神戸市兵庫区）。半年後に京都にもどる。
1191	栄西が宋から帰国し、臨済宗を開く。この時宋からもたらした抹茶が普及する。
1192	源頼朝が鎌倉に幕府を開く。鎌倉時代の始まり。
1246	中国僧蘭渓道隆が来日し、泉涌寺に入る。のち鎌倉に建長寺を創立する。
1274	元の日本侵略が始まる。文永の役・弘安の役。
1317	元の渡来僧一山一寧が南禅寺で死去する。
1338	足利尊氏が京都に幕府を開く。室町時代の始まり。
1342	天龍寺造営資金を得るため天龍寺船が元に派遣される。
1401	遣明船が派遣され、遣唐使廃止以来の日中国交が回復する。
1419	朝鮮（李氏朝鮮）が対馬を侵略する。応永の外冦。
1429	尚巴志によって琉球国が統一され、以後日本・朝鮮・中国などとの仲介貿易を盛んに行なう。
1457	北海道でアイヌ民族コシャマインたちと、進出した和人たちとの武力衝突が起こる。
1467	応仁の乱が始まり、多くの寺社などが破壊にさらされる。 ～1477。
1542	鉄砲が伝来し、ヨーロッパ文明の流入が始まる。
1549	ザビエルが来日、キリスト教をもたらす。

1559	ポルトガル人ビレラが京都に入り、キリスト教を布教する。
1568	織田信長が入京し、戦国争乱が終わる。
1574	織田信長が京都を描いた屏風（上杉本洛中洛外図屏風）を越後の上杉謙信に送る。
1582	天正遣欧使節がローマに向かう。
1587	豊臣秀吉がバテレン（宣教使）の追放令を出す。
1596	慶長大地震。伏見城が倒壊し寺社なども甚大な被害を受ける。
1597	京都・大坂などで捕らえられた信者が長崎で火刑に処され、キリスト教の本格的弾圧が始まる。
1598	慶長の役ののち、朝鮮陶工の李参平が有田に渡来。磁器生産の技術を伝える。
1603	徳川家康が江戸に幕府を開く。江戸時代の始まり。
1604	江戸幕府が朱印船貿易を開始。京都·大坂の角倉了以・末吉孫左衛門などが貿易に従事する。
1607	江戸時代最初の朝鮮通信使が来日。以後1811年まで12回の派遣がある。
1610	京都の商人田中勝介がはじめて公式に太平洋を横断してメキシコに向かう。
1635	日本人の海外渡航と帰国が禁止され、鎖国が本格化する。
1654	明僧の隠元が渡来して黄檗宗を開き、のち万福寺を開く。
1658	最初の京都案内記『京童』が刊行される。
1669	北海道でアイヌ民族シャクシャインたちと和人たちとの紛争が起こり、幕府が鎮圧に乗り出す。
1720	洋書輸入の禁制がゆるめられる。
1780	秋里籬島が『都名所図会』を刊行し、ベストセラーとなる。
1853	アメリカ軍人ペリーが来日。翌年再来日し日米和親条約を締結。日本が開国する。
1856	洋学の必要性が高まり、その研究・教育機関として蕃書調所が設置される。のちの東京大学。
1858	安政五カ国条約が米・蘭・露・英・仏と結ばれ、以後欧米の文化・文明の流入が激しくなる。
1867	西周が京都で徳川慶喜にフランス語を教える。大政奉還・王政復

古で幕府政治が終わる。

1868 神仏判然令が出され、以後廃仏毀釈の波が吹き荒れる。

1869 天皇・皇后が東京に移り、事実上京都は首都の地位を失う。

1869 日本最初の小学校が京都に設立される。／この頃から文化・文明の欧米化が進む（文明開化）。

1872 岩倉具視を主席とする米欧使節団が出発する。／琉球国が解体し、藩が設置される。

1873 キリシタン禁制高札が撤去され、キリスト教の布教が始まる。

1878 ワグネルが舎密局に招聘される。このころお雇い外国人の活躍さかん。

1891 蹴上発電所で日本最初の営業用水力発電がおこなわれる。

1895 平安奠都1100年紀年祭が催される。／台湾が日本の植民地となる。

1897 京都帝国大学、その最初として理工科大学が開設される。

1905 本圀寺などに日露戦争の捕虜が収容される。／アメリカ人伝道師ヴォーリズ来日。実業にも進出して日本各地に建築遺産を残す。

1910 日本が韓国（大韓帝国）を併合し、植民地化する。

1945 太平洋戦争が終わり、連合国軍の日本進駐がはじまる。

あとがき

「渡りくる人びと」、京都にかぎらず日本各地の郷土を考えるとき、大切な言葉です。どこであろうが、他の地域や人と隔絶して暮らしを立ち行かせることはできません。外界から「渡りくる人びと」、それらの人々は多くの文化や文明を地域にもたらし、その地域ではそれらを適切に受容し吸収して、歴史と文化をきざんでゆくのです。

京都を例にして考えてみましょう。

わりとよく聞くのが、「京都人はイケズだ」、です。文中にも少し触れましたが、これは他を排除するとか否定するとかの言葉ではありません。京都が京都であるためにもっとも重要な歴史と文化の防衛本能の作動なのでして、言い換えれば選択的受容でしょうか。

京都は固体、大阪は液体、神戸は気体、おおざっぱに関西をいえば確かにそうなります。かっちりと京都は固まっていて、他からの刺激に敏感で、拒絶するような力のはたらくことが多いです。「京都人はイケズだ」とのお言葉はあまんじて受けます。でも、もしかりに京都が外界の人や文化をなんでもかんでも受け入れていたら、たしかに経済的発展は得られたでしょう。でも〝京都らしさ〟、つまりは京都が京都であるべき要素はどんどん薄まり、今のような京都は存在しなかったと思います。イケズだと言われながらも自分を失うことなく、外界への柔らかなまなざしはいつも持っていました。小学校の創設、水力発電の利用、市電の運行、欧米文化をどこよりも早く受け入れているのがその証拠です。そうしたなかでしっかりと京都を守る、それがこの言葉の持ってきた意味、というかパワーなのです。

＊　＊　＊

本書は、二〇二一年四月一日から二〇二二年三月三十一日まで、『京都新聞』に休刊日以外切れ目なく連載いただいたものを元としています。各回は一五六字が制限字数で、そのうちの一日分だけをお読みくださる方にもご理解いただけるようにと執筆しました。そのためにこうしてまとめてみますと重複する叙述も多くなっていますが、できるかぎり本書では調整を加えたものの、なおじゅうぶんではないこと、お許しください。

連載ではこの字数を可能なかぎり使用したく思ったものですから、改行はしませんでした。一書にまとめていただいた本書では、配列も大きく変えましたし、また読んでいただきやすさを考えて改行をほどこした箇所があります。

さらに、前後に総論的なあらたに文章を収載しましたが、超短文での連載では触れられなかったことを取りあげさせていただきました。

最後の「特別講義」と名付けていただいたものは、若干の参考文献の掲出をも兼ねました。重複しているうえに、かなりカタイものになったのはそのためでして、そのようにお読みくだされればありがたく存じます。

＊　＊　＊

この執筆を慫慂いただいたのは京都新聞社論説委員の佐分利恒夫さんでしたが、「すごく戦闘意欲が湧きます。」、とお答えした覚えがあります。つたないながらも長年の研究を、読者の皆さまにご理解いただけるように叙述する機会と場所をあたえていただいたことに、心から感謝しています。皆さまがたとえ喜んでお読みくださろうとも、また逆に批判のご意見をいただこうとも、歴史と文化を考えるという営みを、読者の皆さまとともに楽しくおこないたいと思います。

最後になりましたが、本書を刊行いただいた京都新聞出版センター、とりわけて松村麻也子さんにはたいへんお世話になり、感謝申しあげます。

二〇二三年十一月

井上満郎

井上　満郎（いのうえ　みつお）

京都市出身。歴史学者。京都大学史学科国史学専攻卒業。同　大学院博士課程進学。同　単位取得満期退学。京都産業大学名誉教授。京都市歴史資料館館長、京都市埋蔵文化財研究所所長、高麗美術館館長。『古代の日本と渡来人』（明石書店、1999年）、『桓武天皇』（ミネルヴァ書房、2006年）、『秦河勝』（吉川弘文館、2014年）、『桓武天皇と平安京』（吉川弘文館、2014年）『歴史でめぐる洛中洛外』（淡交社、2017年）など著書多数。

装丁・デザイン　　株式会社メディアプラン　木村康子

渡りくる人びと　―日本・京都の深層を知る

発 行 日　2023年11月26日　初版発行
著　　者　井上満郎
発 行 者　枚本修一
発 行 所　京都新聞出版センター
〒604-8578　京都市中京区烏丸通夷川上ル
TEL075-241-6192　FAX075-222-1956
http://www.kyoto-pd.co.jp/book/

印刷・製本　株式会社スイッチ.ティフ

ISBN978-4-7638-0774-8　C0021